JN059188

移民の人権

外国人から市民へ

近藤 敦

明石書店

序　文

　『移民の人権』というタイトルの日本語の本が出版されるのは、はじめてであろう。「外国人の人権」をタイトルに用いる本は少なくない。

　移民と外国人は、重なる部分が多い言葉である。「外国人」とは、法律上は、「日本の国籍を有しない者」をいう（入管法2条2号）。「移民」の定義は、さまざまである。国内移住者も移民に含める場合もある[1]。しかし、移民は、一般には、一定期間居住している「外国出身者」を意味し、統計上は、「外国生まれの人」をさす場合が多い。今日、移民の多くは、居住国の国籍を取得している。OECD（経済協力開発機構）加盟国の平均では、10年以上の長期に居住する移民（外国生まれの人）の約3分の2が、居住国の国籍を持つ[2]。したがって、一般には、移民の方が外国人よりも広い概念である。

　一方、移民は、労働目的など自発的に本人の意思で移住した人をさし、難民など何らかの理由で移住を強制される人と区別する場合もある。しかし、本書は移住の目的を問わず、難民なども含む広い意味での移民の

---

1)　国際移住機関（IOM）は、「当人の　(1)法的地位、(2)移動が自発的か非自発的か、(3)移動の理由、(4)滞在期間に関わらず、本来の居住地を離れて、国境を越えるか、一国内で移動している、または移動したあらゆる人」と「移民」を定義している。

2)　経済協力開発機構（OECD）・欧州連合（EU）編『図表でみる移民統合 —— OECD/EU インディケータ（2018 年版）』斎藤里美ほか監訳（明石書店、2020年）140 頁。ただし、日本のデータはなく、日本では在日コリアン（韓国・朝鮮人）の特別永住者も多く、後天的な国籍取得の割合が OECD 諸国の中で最も低い国の1つである。参照、OECD 編『世界の移民政策 —— OECD 国際移民アウトルック（2016 年版）』徳永優子訳（明石書店、2018 年）436-437 頁。

人権を問題とする。他方、移民とは国外に移住した移民の1世だけをさし、移住先で生まれた2世以後を含まない場合もある。だが、本書は移民の1世の子孫も含む「外国にルーツを持つ人」の人権を問題とする。在日コリアン、国際結婚の両親から生まれた子ども、日本に帰化した人、中国帰国者なども、そこには含まれる。

　従来、「外国人の人権」という言葉は、国民の権利保障との違いの有無を問題とする場面で使われてきた。「移民の人権」という場合も、多くは外国人の人権をさす。しかし、第2章でみる入浴拒否人種差別事件でも、第5章でみる塩見訴訟でも、第6章でみる教育を受ける権利でも、「外国にルーツを持つ人」としての日本国籍を有する「移民」の人権保障の視点も重要である（2002年に講座「グローバル化する日本と移民問題」の第2巻として『外国人の法的地位と人権擁護』（明石書店）を編集したときは、監修者からの依頼内容は「移民の法的地位と人権擁護」であった。このときには、まだ、外国人の法的地位と異なる移民の法的地位を論じる要素が少ないと判断してタイトルを変更した）。

　日本政府は、「入国時に永住を許可される人」としての「移民」の狭い定義をもとに、日本は移民を受け入れる国ではないとする方針を明言する。したがって、移民という政策用語は日本には存在しない。明治時代に制定された1896年の移民保護法における「移民」は、「労働」に従事する目的で「外国に渡航する者」とその「家族」をさす。[3] その後、労働目的の渡航から、永住目的の渡航に変わる。いわば、英語でいう「出移民（emigrants）」の意味で「移民」という法律用語を使っていた。なお、第2章でみる在外邦人の複数国籍や、第3章でみる在外邦人の選挙権は、出移民としての「移民」の人権の問題ともいえる。他方、「入移民（immigrants）」としての「移民」という政策用語を、「移民送り

---

3)　1894年の移民保護規則も同様である。

出し国」であった日本では必要としなかった。近年の日本は、「移民受け入れ国」となった[4]。しかし、まだ、政府も国民の意識も、それに十分に対応できていない。スウェーデンやドイツでは、移民送り出し国から移民受け入れ国に転換した後、しだいに「外国人」という排外主義的な用語から、「移民」という包摂主義的な政策用語へとシフトしている。

　ようやく日本でも、2016 年のヘイトスピーチ解消法において[5]、「本邦外出身者」という用語がつくられた[6]。本邦とは我が国の意味であり、本邦外出身者とは外国出身者としての移民を示す。また、2019 年の「日本語教育の推進に関する法律」（日本語教育推進法）では、「外国人等」という用語が、「日本語に通じない外国人及び日本の国籍を有する者」としての移民をさす。教育現場では、国際結婚で生まれた子どもなど「外国にルーツを持つ子ども」ないし「外国につながる子ども」といった移民類似の用語を必要としている[7]。さらに、各地の多文化共生推進プランでは、（日本国籍を持たない）「外国籍市民」と（外国にルーツを持つ日本国籍者も含む）「外国人市民」とが使い分けられており、国籍や民族などの異なる人々の共生社会づくりの施策が整備されつつある。他方、2020 年の大阪市多文化共生指針では、（日本国籍を持たない）「外国

4)　1989 年の出入国管理及び難民認定法（入管法）改正、経済のグローバル化の進展などにより、1990 年代に日本でも国際人口移動転換がみられ、移民送り出し国から移民受け入れ国に移行した。参照、是川夕「日本における国際人口移動転換とその中長期的展望 —— 日本特殊論を超えて」『移民政策研究』10 号（2018 年）13-17 頁。

5)　「本邦外出身者に対する不当な差別的言動の解消に向けた取組の推進に関する法律」。

6)　「専ら本邦の域外にある国若しくは地域の出身である者又はその子孫であって適法に居住するもの」と同法 2 条は定義している。

7)　文科省「外国人の子供の就学状況等調査結果について」（https://www.mext.go.jp/content/20200326-mxt_kyousei01-000006114_02.pdf,　2021 年 4 月 30 日閲覧）。

人住民」と（外国にルーツを持つ日本国籍者も含む）「外国につながる市民」とを区別している。多文化共生社会にあっては、日本国籍を有する外国出身者とその子孫の権利保障も重要である。こうした現状認識のもとに、本書のタイトルを「移民の人権」とした。

　本書は、近藤敦編『外国人の人権へのアプローチ』（明石書店、2015年）と同様、1冊で、今日の問題状況が、おおむねわかるように工夫されている。6年前の同書の刊行以後、多くの法改正と判例の蓄積がみられる。それらを追加するとともに、「移民」の人権としての論点や、統計的な図表や数値を増やし、問題状況の実態がわかりやすくなるように配慮した。2018年末に「特定技能1号・2号」の在留資格を新設する出入国管理及び難民認定法（入管法）改正もあって、政府は「外国人材の受入れ・共生のための総合的対応策」を公表した。その1つとして法務省は、外国人が抱える問題点を的確に把握し、受け入れ環境整備に関する施策の企画・立案に資するよう、「外国人住民調査」を参考としつつ、「外国人に対する基礎調査」を実施した。本書では、ヘイトスピーチ対策を念頭においた2017年の「外国人住民調査」と、総合的対応策のための初の本格的な全国調査である2020年の「在留外国人に対する基礎調査」のデータも紹介する。

　また、本書は、諸外国との比較にも配慮しながら、今後のあるべき姿を示している。その際、国際人権規範にも留意した。多文化共生時代の憲法解釈には、人権条約適合的解釈が求められている[8]。一般に、人権条約は、すべての人の権利を定めており、憲法の人権保障を拡充する役割を果たす要素を含む場合が多い。他方、人権条約の方が憲法その他の国内法に比べ人権保障の範囲が狭い場合には、国内法を優先すべきこと

---

8)　近藤敦「移民法制と外国人の人権保障 ―― 多文化共生時代における憲法学」
　『公法研究』82号（2020年）184-194頁。

を主要な人権条約は定めている[9]。したがって、人権条約適合的解釈は、「個人の利益を最大限に」保障する方向で解釈適用する原則（これをプロ・ホミネ原則[10]という）に基づいてなされる。日本国憲法 98 条 2 項は「日本国が締結した条約及び確立された国際法規は、これを誠実に遵守することを必要とする」と定めている。この「条約の誠実遵守義務」からも、人権条約適合的解釈が導かれる。日本政府は、人権条約の締結に際し、日本国憲法と矛盾する規定を留保（日本国内ではその規定を適用しないという意思表示）したり、解釈宣言（複数の解釈が可能な規定についてあらかじめ日本政府としての解釈を宣言）したりすることができる。したがって、留保も解釈宣言もせずに、憲法適合的なものとして人権条約を締結した以上、人権条約と整合的な憲法解釈が求められる。また、日本の裁判所は、違憲判断には消極的であるものの、しばしば法令の「合憲限定解釈」を施し、憲法の趣旨を踏まえた法令の解釈運用を導いている。同様に、「合人権条約限定解釈」のもとに、人権条約の趣旨を踏まえた法令の解釈運用が求められている。

　本書は、外国人の人権をめぐる国内法上の多くの論点を解説し、裁判例を分析しながら、人権条約や憲法に照らして問題を解決する指針を検討する場面が随所にみられる。タイトルを「移民の人権」としているのは、先に述べたように、日本国籍の有無にかかわらず、「外国にルーツを持つ人」に対する人権侵害の問題もあるからである。外国にルーツを持つ人の中には、本人の意思によらず、朝鮮戸籍などの national origin[11]

---

9)　たとえば、自由権規約 5 条 2 項、社会権規約 5 条 2 項、女性差別撤廃条約 23 条、子どもの権利条約 41 条参照。

10)　南米の研究者によるスペイン語の pro homine は、英語でいえば pro person であり、個人の利益を最大限に保障する解釈適用を導く法の一般原則といわれる。

11)　自由権規約の訳語では「国民的出身」、人種差別撤廃条約の訳語では「民族的出身」。

表 0-1　人口、生産年齢人口、高齢化率、被扶養者率の推移予測（2015-2050年）
　　　　中位推計

国	総人口	生産年齢人口	高齢化率	被扶養者率
日本	-1918 万人	-2249 万人	26.0% - 36.4%	64.0 - 95.8
韓国	-14 万人	-1017 万人	13.0% - 35.3%	36.7 - 88.0
ドイツ	-247 万人	-903 万人	21.1% - 30.7%	52.1 - 77.2
フィンランド	38 万人	5 万人	20.3% - 25.9%	57.9 - 71.4
スウェーデン	186 万人	69 万人	19.6% - 24.4%	58.5 - 69.7
フランス	615 万人	-46 万人	18.9% - 26.7%	59.2 - 76.5
イギリス	998 万人	192 万人	18.1% - 25.4%	55.5 - 71.4
カナダ	900 万人	218 万人	16.1% - 25.9%	47.3 - 69.1
オーストラリア	939 万人	430 万人	15.0% - 22.5%	51.1 - 65.5
アメリカ	6966 万人	2479 万人	14.6% - 22.1%	51.2 - 64.8

出典：UN Population Division, World Population Prospects: The 2017 Revision.

による差別に起因して日本国籍を喪失した経緯を持つ人も多く、今日の国籍の有無だけでなく、移民の歴史的な経緯に着目することが重要である。また、外国人と国民という伝統的な二分法は適当ではない。「将来の国民」となる可能性の高い「永住市民」は、社会権にとどまらず、参政権においても国民に近い権利を保障される将来的な展望も意識するからである。さらに、日本では、**表 0-1** にみるように、とりわけ生産年齢人口の減少予測が深刻である。したがって、短期の外国人労働者の受け入れにだけ熱心である政府の姿勢は改めるべきである。多くの先進諸国と同じように、移民の権利保障と社会参加のための体系的な移民統合政策としての多文化共生政策が必要である。見直すべき課題は多い（第1章の表1-2参照）。なお、本書では、法律の条文や判例における古いかなづかいや数字の表記を読みやすいように変更している。

　第1章は、総論的に、移民の態様と権利の性質に応じた人権保障のありようを概観した。権利の性質によって、国民と等しく外国人にも保障される場合もあれば、一定の外国人に一定の制約が認められる場合も

ある。一口に外国人といっても、その態様はさまざまである。たとえば、永住市民、その他の正規滞在者、非正規滞在者によって、その権利状況は大きく異なる。また、移民ないし移民の背景を持つ人には、外国人のほかに、帰化者もいれば、国際児[12]もいる。これらに加えて、外国にルーツを持つ人は、日本国籍を持って帰国した中国帰国者・日系人・外国生まれ外国育ちの帰国子女など多様である。文化的な権利や差別禁止は、広い意味での移民の人権としての性質を持っている。

　第2章は、いわゆる自由権規約（市民的及び政治的権利に関する国際規約）における市民的権利をめぐる問題を検討した。市民的権利とは、市民社会におけるすべての人の権利としての意味を今日は持つ。平等権、プライバシーの権利などの幸福追求権、適正手続などの人身の自由、集会の自由などの精神的自由、裁判を受ける権利などの受益権を含み、原則として外国人住民にも保障されている。ただし、政治的な表現の自由や、入国の自由・居住の自由などの経済的自由については一定の制約がみられる。

　第3章は、政治的権利に当たる、選挙権・被選挙権と、公務就任権の問題を検討している（ただし、今日の日本の憲法学説では、政治職を除く公務就任権の性格は、政治的権利というよりも、職業選択の自由の問題として考える傾向が有力である）。また、住民投票権や外国人市民代表者会議を通じた外国人の政治参加の新しい試みも分析している。

　第4章は、いわゆる社会権規約（経済的、社会的及び文化的権利に関する国際規約）における経済的権利の問題を扱う。経済的権利とは、職業選択の自由と労働に関する諸権利を含む権利のことである。財産権は、市民的権利に含める意見と経済的権利に含める意見の一致をみず、国際人権規約での規定は見送られた。しかし、ここでは経済的権利の問題と

---

12)　いわゆる国際結婚により、父母の一方が外国人である子ども。

して扱うことにした。

　第5章は、社会的権利をめぐる問題を検討した。社会的権利としては、恩給法・戦争犠牲者援護法の問題、国民年金法における障碍者と高齢者の無年金問題、生活保護法の問題、国民健康保険法の問題などを検討している。すでに立法された場合は、社会保障を受ける権利の差別を禁止した社会権規約2条2項、自由権規約2条1項、同26条の裁判規範性が認められることに今後は留意すべきである。

　第6章は、文化的権利について扱う。文化的権利は比較的新しい権利であるが、伝統的な教育を受ける権利の問題を中心に論じつつ、マイノリティの文化享有権をめぐる新たな可能性にも言及している。個人の尊重を定める憲法13条が文化の多様性を前提としていることを踏まえた憲法解釈が求められている。

　第7章は、外国人の人権に関するリーディングケースであるマクリーン事件最高裁判決の問題点を考察する。今日の国際慣習法上、外国人の入国・在留については、国家が自由に決定できる裁量の幅は狭められている。ノン・ルフールマン原則、家族結合、恣意的な収容禁止、差別禁止なども国際慣習法といわれ、それらに反しない限りでの国の自由な裁量にすぎない。また、自国とみなしうる一定の長期滞在外国人の入国の自由および在留の権利は、保障されるべきである。国際慣習法や日本が批准している人権条約を指針として権利の性質を判断すべきであり、憲法の基本的人権は、在留資格の有無にかかわらず、保障されるものも少なくない。

　最後に、巻末には、外国人の人権をめぐる主要な判例の抄録を掲げている。戦後76年を迎えるにあたって、日本社会のありようも多くの変化がみられる。リーディングケースである①マクリーン事件判決の枠組みについて、元最高裁判事が再考を促している。法務大臣の裁量の審査において「憲法や条約等の趣旨を判断基準として取り入れる」ことが重

要である。外国人の社会権に関するリーディングケースである②塩見訴
訟も、近時の見解のもとに見直すべきである。すなわち、すでに立法さ
れた国民年金法の国籍差別は、社会権規約 2 条 2 項、自由権規約 2 条 1
項、同 26 条違反の問題として裁判で争うことができる。また、単なる
国籍差別の問題ではなく、national origin による不合理な差別である点
にも目を向けるべきである。③指紋押捺事件は、憲法 13 条が外国人に
も保障されることを明らかにした。しかし、別の指紋押捺事件の大阪高
裁判決にみるように、自由権規約 7 条の「品位を傷つける取扱い」の
問題であることにも着目すべきである。④定住外国人地方選挙権訴訟は、
民主主義社会における地方自治の重要性から、「永住者」等に「法律を
もって、地方公共団体の長、その議会の議員等に対する選挙権を付与す
ることは、憲法上禁止されているものでない」との憲法解釈を導いてい
る。⑤崔善愛事件は、協定永住者の場合も、再入国許可についての法務
大臣の裁量権は広く、再入国不許可処分を適法とした。しかし、裁量権
の濫用を認定した高裁判決のように、「比例原則」に照らして個人の著
しい不利益を考慮する必要がある。また、自由権規約委員会の指摘する
ように、「長期の在留期間、密接な個人的・家族的つながり、在留目的、
その種のつながりが他のどこにもないことなどの考慮」から「自国」と
みなしうる外国人の自由権規約 12 条 4 項の「入国の自由」を認めるべ
きである。⑥地方公務員管理職昇任差別事件は、従来の公務員に関する
「当然の法理」に代え、「想定の法理」を打ち出した。自治体の公務員へ
の外国人の就任を自治体の裁量とする立場をみてとることができる。⑦
国籍法違憲判決は、非嫡出子に対する国籍法の規定を違憲とし、生まれ
による差別を禁じた自由権規約や子どもの権利条約にも言及する姿勢を

13)　泉徳治「マクリーン事件最高裁判決の枠組みの再考」『自由と正義』62 巻 2
号（2011 年）20 頁。

示している。⑧永住者生活保護事件は、生活保護法の文言解釈にとどまり、最高裁は憲法解釈をしていない。難民条約加入時に当時の「行政措置」を継続することを理由に法改正を不要とした経緯の法的評価としては、福岡高裁判決の方が適当と思われる。⑨ヘイトスピーチ街頭宣伝差止め等請求事件では、ヘイトスピーチをめぐる深刻な人権侵害に対する損害賠償と差止めを最高裁も認めた。大阪高裁判決が指摘するように、人種差別撤廃条約上の人種差別に当たることが、根拠の1つとされている。⑩難民申請者チャーター便送還事件では、国家賠償が認められた。一方で、憲法や条約上の適正手続・裁判を受ける権利違反の訴えは、退けられた。しかし、憲法13条・31条・32条の「合憲限定解釈」と自由権規約2条3項・14条1項、難民条約16条の「合人権条約限定解釈」のもとに、実質的な司法審査の機会を奪う違法性が認定された。

　一般に、人権の発展の歴史は、国民にとっては、市民的権利、政治的権利、社会的権利の順に語られることが多い。しかし、移民にとっては、福祉社会の構成員として社会的権利が先に保障され、ついで政治的権利の保障が課題とされ、市民としての完全な社会参加のためには、文化的権利の保障も重要である。憲法や人権条約を社会の発展に活かすための処方箋をいささかでも示すことができ、本書が読者の「人権」理解の一助となり、多文化共生社会の進展に寄与することができれば、望外の幸せである。

　2021年4月

　　　　　　　　　　　　　　　　　　　　　近藤　　敦

移民の人権
　── 外国人から市民へ

❖目 次

第 1 章 │ 移民の態様と権利の性質

はじめに

　日本に住む外国人は、この 30 年で急速に増え、3 倍近くに達している。3 カ月を超えて在留するという条件のもと住民登録している外国人は、2020 年末でおよそ 289 万人、人口比は 2.3% である。2012 年 7 月 8 日までは外国人住民は外国人登録をしていたが、1990 年末の外国人登録者数は、およそ 108 万人、人口比は 0.9% にすぎなかった。30 年で 181 万人が増えているとすると、平均して毎年およそ 6 万人が増えたことになる。

　表 1-1 は、10 年ごとの在留資格別の在留外国人数と超過滞在者の推計を示している。外国人の在留の長期化とともに、「永住者」の数も急速に増えている。一方、オールドカマーと呼ばれる旧植民地出身者とそ

---

1)　外国人住民は、外国人登録をして、外国人登録証の携帯義務を課されてきたが、2012 年 7 月 9 日に施行された新たな在留管理制度により、国民と同じく住民登録されることになった。特別永住者の特別永住者証明書の携帯義務はなくなったが、（3 カ月を超えて在留する）中長期在留者の在留カードの携帯義務はある。

表1-1　在留資格別の在留外国人数（各年末）と超過滞在者数の推計（翌年の年初）

類 型	在留資格	1990	2000	2010	2020
永住市民	特別永住者*1	343,677	512,269	399,106	304,430
	永住者	301,761	145,336	565,089	807,517
	日本人の配偶者等	130,218	270,775	196,248	142,735
	永住者の配偶者等	14,466	6,414	20,251	42,905
	定住者	54,359	237,607	194,602	201,329
その他の正規滞在者	技術・人文知識・国際業務*2	17,824	51,270	115,059	283,380
	技能	2,972	11,349	30,142	40,491
	経営・管理*3	7,334	5,964	10,908	27,235
	高度専門職	—	—	—	16,554
	特定技能1号	—	—	—	15,663
	企業内転勤	1,488	8,657	16,140	13,415
	教育	7,569	8,375	10,012	12,241
	教授	1,824	6,744	8,050	6,647
	宗教	5,476	4,976	4,232	3,772
	医療	365	95	265	2,476
	興行	21,138	53,847	9,247	1,865
	介護*4	—	—	—	1,714
	研究	975	2,934	2,266	1,337
	芸術	560	363	480	448
	報道	382	349	248	215
	法律・会計業務	76	95	178	148
	特定技能2号	—	—	—	—
	技能実習	—	—	100,008	378,200
	留学*5	84,310	114,761	201,511	280,901
	家族滞在	37,829	72,878	118,865	196,622
	特定活動	3,260	30,496	72,374	103,422
	文化活動	1,929	3,397	2,637	1,280
	研修	13,249	36,199	9,343	174
	その他*6	22,276	101,294	46,890	—
小 計		1,075,317	1,686,444	2,134,151	2,887,116
超過滞在者		159,828	232,121	78,488	82,868
合 計		1,235,145	1,918,565	2,212,639	2,969,984

*1　1991年の入管特例法以前の1990年は、協定永住者32万3197人、法126-2-6（「ポツダム宣言の受諾に伴い発する命令に関する件に基く外務省関係諸命令の措置に関する法律」126号第2条6項）該当者1万8328人、および平和条約関連国籍離脱者の子2152人を合計した人数である。
*2　2015年3月までは一般に理系の大卒は技術、文系の大卒は人文知識・国際業務の在留資格に分かれていたが、ニーズに柔軟に対応できるようにした。
*3　2015年3月までは投資・経営という名称であった。従来の外国資本との結びつきの要件をなくし、経営・管理活動を行う外国人の受け入れを広げた。
*4　2017年9月から、日本の介護福祉士養成施設を卒業し、介護福祉士の資格を取得した者に認められる「介護」の在留資格が新設された。
*5　2010年までは、日本語学校の生徒などは「就学」の在留資格として、大学や専門学校に通う場合の「留学」とは区別されていた。
*6　（90日以上の）短期滞在、（日本国籍を離脱した者や日本で出生後60日以内の）未取得者、一時庇護、その他の合計である。
出典：法務省

の子孫の「特別永住者」は少しずつ減っている。他方、1990 年から日系人の 2 世の家族と 3 世およびその家族は、「定住者」の在留資格を認められ[2]、主に南米からのニューカマーが増えた。

　また、1990 年に「研修」の在留資格が新設された。1993 年からは研修で 1 年、その後の技能実習（在留資格は特定活動）で 2 年の在留が認められるようになる。2010 年に「技能実習」の在留資格が新設され、初年度から 3 年の技能実習が認められた。2017 年に最長 5 年の「技能実習」が可能となり、受け入れ人数の枠も拡大した。ただし、新型コロナウイルス感染症による入国制限もあって、2020 年は減少した。

　2008 年には留学生 30 万人計画が公表された。目標の 2020 年を待たず、「留学」の在留資格者は 30 万人を超えた。それに伴い、日本の大学を卒業した留学生の就職支援も進み、「技術・人文知識・国際業務」の在留資格者が増えている。2012 年 5 月より、高度人材ポイント制がはじまる。学歴、職歴、年収などで 70 点以上の評価を得ると一定の優遇措置が認められるようになった。2015 年 4 月からは「高度専門職」という在留資格が新設された。2019 年 4 月からは、人手が不足している建設・介護などの 14 業種に相当程度の知識または経験を必要とする「特定技能 1 号」の在留資格が新設され、2021 年からは、建設・造船などの熟練した技能を有する「特定技能 2 号」の受け入れも予定している。

　一方、人身取引防止対策の一環として、2006 年 6 月の基準省令の改正により、「興行」の在留資格の審査が厳格化され、受け入れ人数が急速に減少した。

　外国人の態様に応じて、権利保障の状況は異なっている。一般に、外国人の権利は、「永住市民」[3]、「その他の正規滞在者」、「非正規滞在者」

---

2)　1990 年に施行された 1989 年改正入管法 7 条 1 項 2 号に基づく法務省告示第 132 号。なお、日系人の 2 世の在留資格は、日本人の配偶者等である。

3)　参照、近藤敦『外国人の人権と市民権』（明石書店、2001 年）。

の 3 通りに大きく分けて整理することができる[4]。本書では、「永住市民」といった名称を用いることで、国民に近い権利状況を特徴づけている。なお、2011 年の永住者生活保護事件（巻末資料⑧参照）の判例では、「永住的外国人」と表記している。

第 1 に、ここでいう**永住市民**は、旧植民地出身者とその子孫に対する入管特例法[5]に基づく「特別永住者」、入管法別表第 2[6]の定める「永住者」、「日本人の配偶者等」、「永住者の配偶者等」および「定住者」をさす。2020 年末では、およそ 150 万人である。生活保護の準用など、永住市民の権利は国民に近い形で保障され、在留活動の制限はない。しかし、国民とは違い、今のところ選挙権は認められていない。

第 2 に、その他の**正規滞在者**は、入管法別表第 1 の定める 25 種類の在留資格のどれかを有する者をさす。2020 年末では、およそ 139 万人である。在留活動と在留期間に制限があり、一定の権利の保障が十分でない場合がある。

第 3 に、**非正規滞在者**は、正規の在留資格を持たない者をさす。密入国をしたり、在留期間を超過したりする場合がある[7]。密入国者の数は

---

4) 旅行者などの一時的な滞在者や「外交」や「公用」などの特権的な在留資格の場合を除く。

5) 1991 年に制定および施行された「日本国との平和条約に基づき日本の国籍を離脱した者等の出入国管理に関する特例法」。

6) 1951 年の出入国管理令（1952 年に法律としての効力を認められ、出入国管理法と呼ばれる）が、1981 年の難民条約加入により 1982 年の出入国管理及び難民認定法（入管法）に改正され、1989 年の改正入管法が施行された 1990 年から（活動に基づく）**別表第 1** と（地位・身分に基づく）**別表第 2** に在留資格が再編された。

7) 「不法滞在者」という用語は、刑法犯としての「犯罪者」をイメージしたり、基本的人権の制約が容易に正当化される意味合いをもって使われたりすることが多く、illegal ではなく、irregular を用いる国連での用語法にならい、本書では「非正規滞在者」とする。同様の理由から、「不法残留者」の代わりに「超過

不明であるが、2021年1月1日の超過滞在者は、およそ8万人と推計されている。就労その他の在留活動は原則として認められておらず、その権利の保障は弱い。

　また、外国人の権利保障は、**権利の性質**により異なっている。かつて、憲法第3章のタイトルが「国民の権利及び義務」とあることを根拠に、外国人には憲法上の人権保障が及ばないとする「無保障説」もあった。また、「何人も」ではじまる規定は外国人も含まれ、「国民は」ではじまる規定は、外国人を含まないとする「文言説」も唱えられた。しかし、人権の前国家性と国際協調主義から、文言よりも、権利の性質によって判断する「**性質説**」（ないしは外国人の態様と権利の性質に基づく「性質・態様説」）が通説とされる。判例は、**マクリーン事件（巻末資料①参照）**最高裁判決以後、性質説を採用し、「基本的人権の保障は、権利の性質上日本国民のみを対象としていると解されるものを除き、わが国に在留する外国人に対しても等しく及ぶ」という。しかし、通説には、性質の判定基準を何に求めるのかが定かではない問題がある。憲法98条2項の条約の誠実遵守義務からすれば、性質を判断する基準を国際人権法に求める有力な学説もあり、本書では人権諸条約と憲法の整合的な解釈に留意する。

　なお、外国人の法的地位は、時代とともに、権利保障が向上してきている。日本の戦後の外国人法制は、4つの時期に区分できる。それぞれ

滞在者」と表記する。

8)　佐々木惣一『日本国憲法論』（有斐閣、1949年）467頁。

9)　入江俊郎『日本国憲法読本』（海口書店、1948年）66-67頁。

10)　芦部信喜『憲法学Ⅱ──人権総論』（有斐閣、1994年）130頁。

11)　最大判1978（昭和53）年10月4日民集32巻7号1223頁。

12)　岩沢雄司「外国人の人権をめぐる新たな展開──国際人権法と憲法の交錯」『法学教室』238号（2000年）15頁。

13)　歴史的に、国家は外国人の処遇について、敵視・賤外・排外・相互・平等主

の時期の基本方針と新たな権利課題を抽出すると、(1)「排除と差別と同化 (1945-1979)：市民的権利」、(2)「平等と『国際化』(1980-1989)：社会的権利」、(3)「定住と『共生』(1990-2005)：政治的権利」、(4)「『多文化共生』(2006- 現在)：文化的権利」となる。(1) から (2) にかけて、経済的権利の課題も重要であった。(2) は国際人権規約の批准・難民条約への加入に伴う入管法改正、(3) は入管法改正に伴う在留資格の再編成、(4) は総務省の多文化共生推進プランが直接の変革要因となっており、背景には人の国際移動と国際的な人権保障の高まりがある。

　外国人の権利保障について、2019 年 12 月段階の 52 カ国の状況を比較する国際比較研究では、日本の権利保障は、相対的に不十分である（表 1-2）。労働市場参加、家族呼び寄せ、永住許可、保健医療を含む 8 分野の評価項目のうち、とりわけ、差別禁止法制と教育と政治参加の評価が低く、国籍取得がそれに続く。

　一方、後天的に日本国籍を取得する方法に、帰化と届出がある。出生後に日本国民の父から認知された子（国籍法 3 条）、海外で生まれ国籍留保をしなかった者の国籍再取得（同法 17 条 1 項）などの場合、一定の要件を満たせば、届出だけでいわば権利として国籍を取得できる。一般的には、一定の要件を満たした上で、法務大臣の裁量により、帰化が許可されて国籍を取得できる（同法 4 条）。過去 10 年間の届出による国籍取得者数は、表 1-3 の通りである。2008 年の国籍法 3 条の改正により、届出の国籍取得要件を緩和し、両親の婚姻を不要としたこともあり、近

　　義へと移行してきたといわれる。萩野芳夫『判例研究 外国人の人権 ── 国籍・出入国・在留・戦後補償』（明石書店、1996 年）31 頁。

14)　近藤敦『多文化共生と人権 ── 諸外国の「移民」と日本の「外国人」』（明石書店、2019 年）56-59 頁。

15)　MIPEX (Migrant Integration Policy Index)（http://www.mipex.eu/, 2021 年 6 月 26 日閲覧).

表 1-2　移民統合政策指数 2019 年（総合評価および分野別評価）52 カ国

総合順位		総合評価	労働市場	家族結合	教育	保健医療	政治参加	永住許可	国籍取得	差別禁止
1	スウェーデン	86	91	71	93	83	80	90	83	100
2	フィンランド	85	91	67	88	67	95	96	74	100
3	ポルトガル	81	94	87	69	65	80	71	86	100
4	カナダ	80	76	88	86	73	50	77	88	100
5	ニュージーランド	77	59	74	76	83	85	63	92	88
6	アメリカ	73	69	62	83	79	40	63	88	97
7	ノルウェー	69	85	58	71	75	80	71	50	65
7	ベルギー	69	85	58	71	75	80	71	50	65
9	オーストラリア	65	37	68	79	79	65	46	76	69
10	ルクセンブルク	64	35	52	64	46	85	58	79	89
10	アイルランド	64	22	48	45	85	85	50	79	94
10	ブラジル	64	67	94	14	31	35	96	91	85
13	スペイン	60	67	69	43	81	55	75	30	59
14	ドイツ	58	81	42	55	63	60	54	42	70
14	アルゼンチン	58	44	69	26	44	30	71	91	88
14	イタリア	58	67	64	43	79	25	67	40	78
17	オランダ	57	65	31	57	65	50	52	55	85
18	韓国	56	65	54	72	40	65	60	44	51
18	アイスランド	56	33	62	45	54	65	77	55	57
18	フランス	56	52	43	36	65	45	58	70	79
18	イギリス	56	48	29	40	75	45	58	61	94
22	チリ	53	30	44	21	73	40	79	53	85
23	メキシコ	51	54	66	29	42	25	90	38	67
24	セルビア	50	57	65	43	40	10	60	38	90
24	チェコ	50	54	63	60	61	10	50	36	64
24	エストニア	50	69	76	69	29	20	75	16	48
24	スイス	50	63	41	48	83	55	48	28	38
28	デンマーク	49	65	25	45	56	70	42	41	51
28	ルーマニア	49	46	67	41	46	5	56	38	96
28	イスラエル	49	52	58	31	63	20	46	63	56
31	スロベニア	48	26	72	33	33	30	77	22	90
31	ウクライナ	48	46	57	7	27	15	90	47	94
31	マルタ	48	48	36	40	56	35	46	63	63
34	日本	47	59	62	33	65	30	63	47	16
34	モルドバ	47	48	61	19	36	15	69	42	84
36	ギリシア	46	61	52	36	48	20	46	40	67
36	オーストリア	46	59	36	52	81	20	50	13	53
38	トルコ	43	22	53	52	69	5	42	50	50
38	アルバニア	43	46	61	21	15	20	54	76	50
38	ハンガリー	43	37	58	0	29	15	81	25	96
41	北マケドニア	42	31	58	21	38	0	69	22	100
42	キプロス	41	24	35	40	36	25	50	53	62
43	ブルガリア	40	48	38	21	29	0	69	13	100
43	ポーランド	40	31	58	33	27	10	50	50	63
45	クロアチア	39	50	48	33	27	10	54	19	71
45	スロバキア	39	17	59	7	50	5	65	28	79
47	ラトビア	37	33	47	26	31	20	46	24	67
47	リトアニア	37	52	43	43	31	5	52	22	51
49	中国	32	44	56	7	25	0	54	50	19
50	ロシア	31	28	46	12	23	30	46	44	22
51	インドネシア	26	17	75	0	13	0	58	34	13
52	インド	24	17	75	19	12	0	46	16	9

出典：MIPEX 2020（http://www.mipex.eu/, 2021 年 6 月 26 日閲覧）.

表 1-3　過去 10 年間の届出による（国籍法 3 条、17 条等に基づく）国籍取得者数

年	2011	2012	2013	2014	2015	2016	2017	2018	2019	2020
人 数	1,207	1,137	1,030	1,131	1,089	1,033	966	958	884	772

出典：法務省「帰化許可申請者数等の推移」（http://www.moj.go.jp/MINJI/toukei_t_minj03.html,
2021 年 4 月 30 日閲覧）。

表 1-4　帰化許可者数と帰化不許可者数

年	帰化 許可者数	帰化 不許可者数	年	帰化 許可者数	帰化 不許可者数
1952 年 4 月 27 日 以前	333	—	1992 年	9,363	162
			1993 年	10,452	126
1952 年 4 月 28 日 ～ 1966 年	46,932	—	1994 年	11,146	146
			1995 年	14,104	93
1967 年	4,150	—	1996 年	14,495	97
1968 年	3,501	—	1997 年	15,061	90
1969 年	2,153	—	1998 年	14,779	108
1970 年	5,379	—	1999 年	16,120	202
1971 年	3,386	—	2000 年	15,812	215
1972 年	6,825	—	2001 年	15,291	130
1973 年	13,629	—	2002 年	14,339	107
1974 年	7,393	—	2003 年	17,633	150
1975 年	8,568	—	2004 年	16,336	148
1976 年	5,605	—	2005 年	15,251	166
1977 年	5,680	—	2006 年	14,108	255
1978 年	7,391	—	2007 年	14,680	260
1979 年	6,458	—	2008 年	13,218	269
1980 年	8,004	—	2009 年	14,785	201
1981 年	8,823	—	2010 年	13,072	234
1982 年	8,494	—	2011 年	10,359	279
1983 年	7,435	—	2012 年	10,622	457
1984 年	6,169	—	2013 年	8,646	332
1985 年	6,824	—	2014 年	9,277	509
1986 年	6,636	—	2015 年	9,469	603
1987 年	6.222	—	2016 年	9,554	607
1988 年	5,767	—	2017 年	10,315	625
1989 年	6,089	399	2018 年	9,074	670
1990 年	6,794	274	2019 年	8,452	596
1991 年	7,788	223	2020 年	9,079	900
			累 計	577,321	

出典：法務省「帰化許可申請者数、帰化許可者数及び帰化不許可者数の推移」（http://www.moj.
go.jp/content/001342633.pdf, 2021 年 3 月 31 日閲覧）。

表 1-5　父母の一方が外国人である子ども（国際児）の出生数と割合の推移

年	人 数	全体の出生数における割合	年	人 数	全体の出生数における割合
1987 年	10,022	0.7%	2007 年	24,177	2.2%
1990 年	13,686	1.1%	2008 年	23,956	2.2%
1995 年	20,254	1.7%	2009 年	22,511	2.1%
1996 年	21,064	1.7%	2010 年	21,966	2.1%
1997 年	21,525	1.8%	2011 年	20,311	1.9%
1998 年	22,021	1.8%	2012 年	20,536	2.0%
1999 年	21,464	1.8%	2013 年	19,532	1.9%
2000 年	22,337	1.9%	2014 年	19,647	2.0%
2001 年	22,176	1.9%	2015 年	19,079	1.9%
2002 年	22,251	1.9%	2016 年	19,118	2.0%
2003 年	21,522	1.9%	2017 年	18,134	1.9%
2004 年	22,173	2.0%	2018 年	17,878	1.9%
2005 年	21,873	2.1%	2019 年	17,403	2.0%
2006 年	23,463	2.1%			

出典：e-Stat「人口動態調査 人口動態統計 確定数 出生：父母の国籍別にみた年次別出生数及び百分率」（https://www.e-stat.go.jp/dbview?sid=0003411621, 2021 年 4 月 30 日閲覧）。

年は、年に 1000 人前後が届出で国籍を取得する。

　また、戦後の帰化許可者数、帰化不許可者数の推移は、**表 1-4** の通りである。戦後の帰化者数は、合計でおよそ 58 万人だが、すでに他界した人などもいるので、現存の帰化者人口は不明である。近年の帰化者数は、年に 1 万人前後である。帰化者の権利は、その他の国民と同じである。大日本帝国憲法（明治憲法）下の旧国籍法 16 条のように大臣や国会議員などへの就任を帰化者に制限することは、日本国憲法 14 条の平等違反となる。

　さらに、いわゆる国際結婚により、父母の一方が外国人である子ども（国際児）は、1985 年に施行された改正国籍法以後、父母両系主義により、日本国籍を一般に有している。外国にルーツを持つ人は、外国人と帰化者だけでなく、国際児も多い。人口動態統計によれば、父母の一方が外国人である子どもの出生数と割合の推移は、**表 1-5** の通りであ

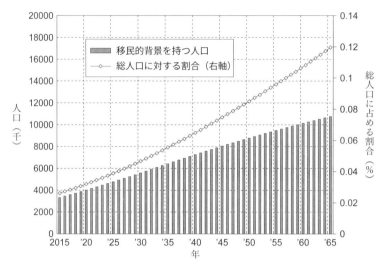

図 1-1　移民的背景を持つ人口の推移

出典：是川夕「人口問題と移民 —— 日本の経験」是川夕編『人口問題と移民』（明石書店、2019 年）36 頁。

る。1995 年以後は、毎年 2 万人前後の国際児が生まれている。複数国籍の国際児も、単一国籍の子どもと同様の権利が保障されているが、唯一、国籍法 14 条により、原則 22 歳までに国籍を選択する義務が課されている。ただし、この義務の不履行には罰則はなく、同法 15 条に基づく催告手続による国籍喪失の事例もない。

　外国にルーツを持つ人は、主に外国人と帰化者と国際児の 3 つのカテゴリーからなる。外国籍人口、帰化人口、国際児人口およびその子孫の合計は「移民的背景を持つ人口」と呼ばれている。2015 年時点で外国人が 202 万人、帰化者が 46 万人、国際児が 85 万人で合計の**移民的背景を持つ人は 333 万人、総人口の 2.6%** であった。移民的背景を持つ人は、国立社会保障・人口問題研究所の是川部長によれば、**図 1-1** のように、その後 2040 年には 726 万人、2065 年には 1076 万人となり、総

人口の 12.0% を占めるようになると推計されている[16]。

　外国にルーツを持つ人は、その他にも、中国帰国者が 7000 人ほど、樺太等帰国者が 1000 人ほどいた[17]。これらの人は日本国籍を持って帰国する場合もある。同様に、日系人の中にも日本国籍を持って帰国した者、帰国子女の中にも外国生まれ外国育ちの日本国籍者もいる。したがって、「外国にルーツを持つ人」の実態は、外国人と帰化者と国際児の合計よりも多い。なお、統計上、移民とみなされることの多い「外国生まれの人」の場合は、「国内生まれの外国人」が除かれる一方で、「外国生まれでも国内育ちの人」を含んでいる問題もある。かくして、政策対象としての移民ないし移民の 2 世なども含む用語の定義は、厳密には難しい。しかし、広義の移民の人権として、文化的権利の合理的配慮が必要であり、差別禁止法制の整備が求められている。

　他方、在外邦人（在外国民）については、総数（3 カ月以上の在外滞在者）、長期滞在者（永住の意思のない、3 カ月以上の在外滞在者）および永住者（原則として永住権を有する 3 カ月以上の在外滞在者）が、表 1-6 のように推移している。2019 年の在外邦人は、およそ 141 万人である。在外邦人の人権保障としては、参政権を求める訴訟が重要であり、今日では、複数国籍を求める提訴が問題となっている。

---

16)　是川夕「日本における国際人口移動転換とその中長期的展望 —— 日本特殊論を超えて」『移民政策研究』10 号（2018 年）18-21 頁、同「人口問題と移民 —— 日本の経験」同編『人口問題と移民 —— 日本の人口・階層構造はどう変わるか』〈移民・ディアスポラ研究 8〉（明石書店、2019 年）35-36 頁。

17)　厚労省「中国残留邦人の状況（平成 26 年 7 月 31 日現在）」（https://www.mhlw.go.jp/bunya/engo/seido02/toukei.html，2021 年 4 月 30 日閲覧）

表 1-6　在外邦人の推移

年	総数（①+②）	長期滞在者（①）	永住者（②）
1989 年	586,972	340,929	246,043
1990 年	620,174	374,044	246,130
1991 年	663,049	412,207	250,842
1992 年	679,379	425,131	254,248
1993 年	687,579	432,703	254,876
1994 年	689,895	428,342	261,553
1995 年	728,268	460,522	267,746
1996 年	763,977	492,942	271,035
1997 年	782,568	507,749	274,819
1998 年	789,534	510,915	278,619
1999 年	795,852	515,295	280,557
2000 年	811,712	526,685	285,027
2001 年	837,744	544,434	293,310
2002 年	873,641	587,936	285,705
2003 年	911,062	619,269	291,793
2004 年	961,307	659,003	302,304
2005 年	1,012,547	701,969	310,578
2006 年	1,063,695	735,378	328,317
2007 年	1,085,671	745,897	339,774
2008 年	1,116,993	755,724	361,269
2009 年	1,131,807	758,248	373,559
2010 年	1,143,357	758,788	384,569
2011 年	1,182,557	782,650	399,907
2012 年	1,249,577	837,718	411,859
2013 年	1,258,263	839,516	418,747
2014 年	1,290,175	853,687	436,488
2015 年	1,317,078	859,994	457,084
2016 年	1,338,477	870,049	468,428
2017 年	1,351,970	867,820	484,150
2018 年	1,390,370	876,620	513,750
2019 年	1,410,356	891,473	518,883

出典：外務省「海外在留邦人数調査統計（令和 2 年版）」。

1. 市民的権利（自由権・受益権・包括的人権）

　第 2 次世界大戦後、（オールドカマーと呼ばれる）旧植民地出身者とその子孫である在日韓国・朝鮮・台湾人は、衆議院議員選挙法を改正した 1945 年に選挙権を停止され、1947 年の外国人登録令で外国人とみなされた[18]。旧植民地の領土を放棄した 1952 年のサンフランシスコ平和条約発効に伴い、法務府（当時の法務省）の通達により[19]、彼・彼女らは日本国籍を喪失した[20]。このため、当初、その居住権は不安定であり[21]、家族が離散する例もあった[22]。国籍を喪失したため、「公権力の行使または国家の意思の形成への参画」にたずさわる公務員の職に就いていた者は、その職を失わないために、帰化して日本国籍を取得する必要があった。この国家公務員に関する「当然の法理」は、1953 年の法制局の回答で定

18)　旧植民地出身者とその子孫も、国籍法上は日本国籍を有していたので、いったんは、1948 年の文部省の通達により、在日コリアンも、日本人同様の就学義務があるとされ、民族学校の設置が禁止された。官学 5 号文部省学校教育局長通達（1948 年 1 月 24 日）。

19)　民事甲第 438 号法務府民事局長通達（1952 年 4 月 19 日）。

20)　生活保護を除く、多くの社会保障制度から排除された。義務教育の対象者としての教育を受ける権利も喪失し、公立学校への入学は認められたものの、公立学校における民族教育を受ける権利は認められなかった。

21)　「ポツダム宣言の受諾に伴い発する命令に関する件に基く外務省関係諸命令の措置に関する法律」（法 126-2-6）、および子の場合は、旧入管法の特定在留「4-1-16-2」による。その後、いわゆる韓国籍は、1965 年の日韓法の地位協定による協定永住者となり、重大犯罪の場合に退去強制事由が制限された。その他の人も 1981 年の入管法改正に伴い、1982 年から 1986 年までに届出による特例永住が認められたが、3 世以後の在留資格は未解決であった。

22)　家族の離散を防止すべく、1965 年の日韓法的地位協定までは、毎年、2000件以上の在留特別許可が認められている。

式化され、(23) 地方公務員については、1978 年の自治省の回答にみられる。(24)
当時の帰化手続は、日本的氏名に変えることを要求するなど、同化主義 (25)
的な要素が強かった。

　第 2 章で扱う（国際人権規約にいう）**市民的権利**は、日本の憲法学に
おける自由権、受益権、平等や幸福追求権を含んでいる。一般に、精神
的自由は、外国人にも保障される。ただし、政治活動の自由（政治的な
表現の自由）は、**マクリーン事件（巻末資料①参照）**にみるように、「わ
が国の政治的意思決定又はその実施に影響を及ぼす活動等」は除くのが
判例の立場である。(26) もっとも、適法なデモへの参加が在留資格の更新の
不許可の理由とされた事件は、その後、聞かない。

　人身の自由も、一般に、外国人に保障される。ただし、行政手続法は
入国管理と国籍に関しては適用除外とされているので、適正手続の保障
が弱い。行政官の発する収容令書で、収容の必要性を個別に審査するこ
となく長期に収容する点など、収容・退去強制における適正手続のあり
方は再検討を要する。

　経済的自由に分類されるが、多様な性質を有する居住・移転の自由に
ついては、永住者の場合、在留期間の更新は不要である。

　受益権のうち、裁判を受ける権利、請願権および刑事補償請求権につ

---

23)　法制局 1 発第 29 号内閣総理大臣官房総務課長栗山廉平あて法制局第一部長
　　高辻正巳回答（1953 年 3 月 25 日）。
24)　自治公 1 第 28 号大阪府総務部長あて公務員第一課長回答（1978 年 5 月 28
　　日）。
25)　1984 年の国籍法・戸籍法改正作業の過程において、1983 年から従来の方針
　　を改め、法務省は帰化実務を担当する法務局等に対し、「日本人らしい氏名を使
　　用するよう指導することを行わない」旨の通知を出している。参照、参議院議
　　員竹村泰子君提出人種差別撤廃条約の実施をめぐる諸問題に関する質問に対す
　　る答弁書：内閣参質 147 第 40 号（2000 年 7 月 14 日）。
26)　**マクリーン事件**・最大判 1978（昭和 53）年 10 月 4 日民集 32 巻 7 号 1223 頁。

いては、すべての外国人に保障される。例外的に、国家賠償請求権は、相互主義の制約を定めており（国家賠償法 6 条）、いわゆる途上国出身者への差別をもたらすため、法改正が必要である。

　包括的人権としての幸福追求権と平等は、外国人にも適用されるものと考えられている。**指紋押捺事件**（巻末資料③参照）では、憲法 13 条が「何人もみだりに指紋の押なつを強制されない自由」を保障するという。もっとも、以前の外国人登録法が、外国人の指紋押捺を義務づけていたことは、戸籍制度のない外国人の人物特定につき最も確実な制度として、合理性と必要性が認められるとして憲法 14 条には違反しないとされた[27]。1980 年代の日本版公民権運動と評される指紋押捺拒否運動もあり、1992 年および 1999 年の外国人登録法の改正で指紋押捺制度は、いったんは廃止された。しかし、2001 年のアメリカ同時多発テロをきっかけとするテロ対策の影響が日本にも波及する。2006 年の入管法改正により、特別永住者などを除く外国人は、指紋や顔写真などの生体情報を入国審査時に採取されるようになった。政府の国会答弁によれば、個別に必要性を判断して、採られた指紋が一般の犯罪捜査にも使われうるとされており、重大なプライバシー侵害の問題を抱えている。

　国は男女雇用機会均等法や障害者差別解消法を定めたものの、個別の民族差別禁止法ないしは包括的な差別禁止法の取り組みが不十分であり、法整備が国の急務の課題である。民族差別・人種差別は、外国人に対する差別だけでなく、外国にルーツを持つ人への差別も含む。いわゆるヘイトスピーチ解消法が、対象を「本邦外出身者」と定めたのは、このためである。宮城県、静岡県、湖南市、半田市では**多文化共生推進条例**も制定された。宮城県の条例が「多文化共生社会」を、「国籍、民族等の異なる人々が、互いに、文化的背景等の違いを認め、及び人権を尊重し、

---

27)　最判 1995（平成 7）年 12 月 15 日刑集 49 巻 10 号 842 頁。

地域社会の対等な構成員として共に生きる社会」と定めているのも、広く外国にルーツを持つ人の平等な参画を旨としている。半田市の条例では、「外国にルーツを持つ子どもたち」も学べる学習環境の整備・充実が掲げられている。さらに、多文化共生推進の計画や指針を担当部署がになうだけでなく、他の部署や住民の意識の涵養のためにも、多文化共生社会基本法の制定やさらなる自治体での条例化が望まれる。

2. 政治的権利

　1990 年に施行された改正入管法は、日系人とその家族に永住類似の在留資格を認めた。1991 年の入管特例法は、旧植民地出身者とその子孫に「特別永住者」の地位を認めた[28]。1998 年に公表された永住許可の基準では、従来の 20 年ではなく、一般に 10 年（5 年や 3 年や 1 年の例外あり）の居住が目安とされた。2000 年の第 2 次出入国管理基本計画では、「定着化の支援を行っていくことにより、日本人と外国人が円滑に共存・共生していく社会づくりに努めていく必要」を明記する[29]。定住を前提とする場合、共生社会の実現に向けた政治参加の問題も重要な課題となる。

　第 3 章で扱う政治的権利については、特別永住者が、地方選挙権の憲法上の保障を求めた定住外国人地方選挙権訴訟（巻末資料④参照）において、最高裁は、請求を棄却しながらも、「永住者等」に法律により

---

28)　特別永住者は、一般の永住者よりも、退去強制がより困難であり、7 年以上の懲役・禁固の実刑で、法務大臣が日本国の重大な利益が害されたと認定するなどの特別な場合に限られる（入管特例法 22 条）。一般の永住者の場合は、1 年以上の懲役・禁固の実刑の場合に、退去強制事由となる（入管法 24 条）。

29)　法務省「第 2 次出入国管理基本計画」（2000 年 3 月）22 頁。

地方選挙権を認めることが憲法上禁止されていないと判示した[30]。しかし、国会では、その後の進展がみられないままである。一方、すでに各地で外国人市民代表者会議が創設されている。また、各地で条例に基づく住民投票に外国人が参加できるようになった。なお、在外邦人に対する国会の選挙権の制限は、憲法 15 条 1 項・3 項、43 条 1 項、44 条ただし書に反し、最高裁判事の国民審査の制限も、同 15 条 1 項、79 条 2 項・3 項に反する[31]。最高裁は、在外国民（出移民）に対しては、選挙権という重要な権利の制限には、「やむを得ない事由」を必要とする厳格な審査に積極的である。一方、在留外国人（入移民）の場合は、憲法上、日本国籍を有しない者については、そもそも選挙権が保障されていないのであって、日本国籍を有しない者について選挙権を認めないからといって、そのことが憲法 14 条に違反するということはできない[32]と審査に消極的である。

3. 経済的権利

　憲法学における経済的自由のうち、職業選択の自由は、国際人権規約では第 4 章で扱う経済的権利として分類される。「永住者等」を除く外国人の場合、その在留資格が認める職業に職業選択の自由が限定される。

---

30)　最判 1995（平成 7）年 2 月 28 日民集 49 巻 2 号 639 頁。

31)　**在外邦人選挙権訴訟**・最大判 2005（平成 17）年 9 月 14 日民集 59 巻 7 号 2087 頁、**在外邦人国民審査訴訟**・東京高判 2020（令和 2）年 6 月 25 日判時 2460 号 37 頁。

32)　大阪地判 1993（平成 5）年 6 月 29 日判タ 825 号 134 頁。

また、法律上、公証人[33]、水先人[34]は、外国人には認められない。電波法5条1項1号が外国人には放送免許を認めず、同条4項が基幹放送局の外国人役員の割合を5分の1未満に制限する。

1947年の労働基準法が労働条件についての国籍差別を禁じている。しかし、かつて雇用に関する国籍差別は、公務員に限らず、民間企業においても広く行われ、実質的な職業選択の自由が大きく制限されていた。しかし、1974年の日立製作所就職差別事件により国籍（ないし民族）差別が認定された[35]。多くの企業が雇用における国籍差別を見直す時期は、社会保障立法や地方公務員の国籍要件の撤廃がみられる1980年代や1990年代まで遅れた。

財産権については、鉱業法17条が、特別な条約のない限り、鉱業権者を日本国民と日本国法人に限定している[36]。また、外国人土地法による制限は可能だが、実際には特段の制限がないのが現状である。

勤労の権利や労働基本権は、本来、すべての外国人労働者に保障されるべきである。労働関係法令の「労働者」には、在留資格に認められていない在留活動をする「無資格就労者」も含まれる。旧労働省の通達によれば、労働関係法令は、日本国内における労働であれば、国民であると否とを問わず、また、無資格就労であると否とを問わず適用される[37]。

---

33) 公証人法12条1項。

34) 水先法6条1号。

35) **日立製作所就職差別事件**・横浜地判1974（昭和49）年6月19日判時744号82頁。在日朝鮮人であることを理由とする解雇の無効を確認し、当該解雇が不法行為に当たるとして損害賠償が認められた。

36) 外国企業が日本国法人である子会社を通じて鉱業権を間接保有することは、可能である。

37) 基発第50号・職発第31号（1988年1月26日）。通達は、「不法就労」という用語を使っているが、「不法滞在者」の用語と同様の理由で適当ではなく、undocumented workerという英文の一般的な表記のように、「無資格就労者」という表現が適当である。

職業安定法 3 条は、職業紹介、職業指導等における「国籍」を理由とする差別的取扱を禁じる。

　選挙で選ばれる政治職の公務員と違い、行政職の場合は、本来、政治的権利の問題というよりも、職業選択の自由の問題として位置づけるべきである。**公務就任権**は、対外主権を代表する外務公務員だけが法律上、外国人に否認されている[38]。しかし、従来、参政権との類似性が強調され、「公権力の行使または公の意思形成に携わる公務員」となるには日本国籍が必要であることは、「当然の法理」とされた。しかし、これには批判も多く、教育職や技術職をはじめ、地方公務員の一般職についても、門戸が開放されてきた。もっとも、**地方公務員管理職昇任差別事件**（巻末資料⑥参照）にみるように、地方公務員の管理職について日本国籍を要件とする東京都の任用制度を最高裁は合憲とした[39]。なぜならば、国民主権原理から、住民の権利義務の範囲を確定するなどの「公権力の行使」を行い、または「普通地方公共団体の重要な施策に関する決定」に参画する職務は、原則として日本国民の就任が「想定」されているからという。一定の外国人の就任を禁止する**当然の法理**とは違い、この**想定の法理**は、「原則として」とあるので、例外的に外国人の就任を認める余地があり、いわば、自治体の裁量の問題といえる。法律の改正を必要とする地方参政権の場合と違い、公務就任権の拡充は、自治体のイニシアティブで可能である。なお、外務公務員法 7 条 1 項は「国籍を有しない者又は外国の国籍を有する者は、外務公務員となることができない」と定めている。したがって、外国の国籍を有する複数国籍者は、外務公務員となることができない。しかし、巷間では、複数国籍者が国会議員になることが問題とされたが、憲法上も公職選挙法上も問題はない。

---

38)　外務公務員法 7 条 1 項。
39)　**地方公務員管理職昇任差別事件**・最大判 2005（平成 17）年 1 月 26 日民集 59 巻 1 号 128 頁。

むしろ、憲法15条1項が国民固有の権利と定める公務員の選定権に被選挙権の根拠を求める従来の通説・判例の立場からは、複数国籍者の被選挙権を剥奪する法改正は憲法違反となる。

4. 社会的権利

　1979年の国際人権規約の批准、1981年の難民条約への加入に伴い、日本政府は、さまざまな社会保障関連法から国籍要件を撤廃した。しかし、**戦傷病者戦没者遺族等援護法**などの国籍要件は残された。インドシナ難民の受け入れを迫られた国際情勢のもと必要な制度改革を行う側面が強く、外国人の権利向上に向けた政府のイニシアティブは弱かった[40)]。

　社会権の中心的な権利としての生存権は、今日の福祉国家において、内外人平等の原則が採用される。しかし、日本では、一定の外国人には、いまなお一定の制限が残っている。**国民年金法**の国籍要件が1980年代に撤廃されたのちも、改正前に障害を発症した場合は、障害福祉年金が[41)]受給できない。**塩見訴訟（巻末資料②参照）**において、最高裁は、限られた財政状態を理由に自国民を優先的に扱うことも許されるとして、広い立法裁量を認めた[42)]。一定年齢以上の高齢者には、老齢基礎年金が認められない問題も残っている。すでにかなりの自治体が独自に福祉給付金

---

40)　一方、女性差別撤廃条約の批准は、父系血統主義から父母両系血統主義に国籍法を変更させた。この国籍法改正は、日本語の「常用平易な文字」を使用すれば外国姓を戸籍に記載することを認める新たな戸籍法により、日本的氏名を強要する帰化手続を廃止する副産物を伴った。

41)　塩見訴訟の原告は、1934年に「帝国臣民」として生まれ、1952年に通達により「外国人」とされ、日本人と結婚し、1970年から帰化して「日本国民」となったが、1959年の失明当時、「韓国籍」の「外国人」であった。

42)　**塩見訴訟**・最判1989（平成元）年3月2日判時1363号68頁。

を整備しているが、抜本的な国の法改正が求められる。

　また、生活保護法 1 条・2 条は、「国民」という文言があり、明文の国籍条項を定めていない。[43] 生活に困窮する外国人にも準用しており、1990 年の行政裁量によって永住者等に準用を限定した。[44] 福岡高裁判決は、「一定範囲の外国人も生活保護法の準用による法的保護の対象になるものと解するのが相当であり、永住的外国人……がその対象となることは明らかである」と判示した。[45] しかし、最高裁は、永住者生活保護事件（巻末資料⑧参照）にみるように、「外国人は、行政庁の通達等に基づく行政措置により事実上の保護の対象となり得るにとどまり、生活保護法に基づく保護の対象となるものではなく、同法に基づく受給権を有しない」と判示した。[46] なお、就労が制限されているその他の正規滞在者は補足性の原理に基づいた稼働能力の活用が不可能であるから、非正規滞在者は生活保護目的の入国を助長するおそれがあるから、準用の対象外とされている。しかし、緊急医療における医療扶助については、すべての困窮者に適用すべきであろう。

　加えて、国民健康保険法 5 条の「住所を有する者」という規定に対し、1 年未満の滞在予定の正規滞在者、および非正規滞在者が国民健康保険に加入できないという通知による制約も存在した。[47] 最高裁は「住所を有

---

43)　かつては 1954 年 5 月 8 日の「生活に困窮する外国人に対する生活保護の措置」（社発第 382 号）において、在留資格の有無を問わず、生活困窮者にも準用して医療扶助を実施できる旨の厚生省社会局長の通達があった。

44)　1990 年 10 月 25 日厚生省保護課の生活保護指導監督職員ブロック会議における口頭指示。

45)　福岡高判 2011（平成 23）年 11 月 15 日判タ 1377 号 104 頁。また、同じ原告による別の裁判において、行政不服審査法の適用が外国人にも及ぶ旨の確定判決を導いている。大分地判 2010（平成 22）年 9 月 30 日判時 2113 号 100 頁。

46)　永住者生活保護事件・最判 2014（平成 26）年 7 月 18 日 LEX/DB25504546。

47)　1992 年 3 月 31 日厚生省保険発第 41 号。

する者」とは、「在留資格を有しないものを被保険者から一律に除外する趣旨を定めた規定であると解することはできない」と判示した。[48] しかし、判決後に厚生労働省は、従来の通知とほぼ同様の内容を同法施行規則1条に定めるという解決方法を選択した。その後、2012年7月9日の改正住民基本台帳法の施行により、3カ月を超える滞在を基準とする。

なお、在外邦人には、短期渡航は別として、生活保護法も国民健康法も適用がない。社会保障の受給資格は、国籍よりも住所が基準となる。

5. 文化的権利

2001年にニューカマーと呼ばれる南米日系人を中心とする外国人住民が多数居住する市町により**外国人集住都市会議**が創設された。2004年に類似の状況にある県市が**多文化共生推進協議会**を設置し、国に対してさまざまな提言を行っている。2005年に人口減少がはじまり、今後のグローバル化の進展と人口減少傾向を勘案すると、外国人住民のさらなる増加が予想される。このため2006年に総務省は「**地域における多文化共生推進プラン**」[49]を策定し、全国の都道府県や政令指定都市に、指針や計画の整備を求めた。同プランにおける「コミュニケーション支援」は文化的権利を保障し、「生活支援」は、教育、医療、労働などの社会権の保障に仕える。「地域づくり」としての「社会参画」に参政権

---

48) 最判2004（平成16）年1月15日判時1850号16頁。最高裁判決を受けて、被告の横浜市は、在留特別許可の審査中であったため、国民健康保険被保険者証の交付を拒否された原告の高額な治療費は、国民健康保険での支払いを可能とした。

49) 総務省「地域における多文化共生推進プラン」（2006年3月27日：http://www.soumu.go.jp/main_content/000539195.pdf, 2021年7月25日閲覧）。

の保障が加えられていない点など、国の法改正が必要な問題は手付かず
の状況にあるが、多くの自治体で指針や計画が整備されてきた。今後は、[50]
文化の多様性を活かした魅力的な街づくりのメリットを高める取り組み
も課題である。

　日本の憲法学では、**教育を受ける権利**は、社会権と位置づけられる。
しかし、国際人権規約では、第 6 章の扱う文化的権利の重要な要素でも
ある。教育を受ける権利を有する者を憲法 26 条 1 項が「国民」と規定
し、同 2 項が「国民」に対し、「その保護する子女に普通教育を受けさ
せる義務」を課し、「義務教育を無償」としていることから、外国人の
権利保障について政府は消極的に考えてきた。1953 年には「外国人子
弟の就学義務について日本の法律による就学義務はなく、また外国人が
その子弟を市町村学校に入学させることを願い出た場合、無償で就学さ
せる義務はない」とされた。しかし、社会権規約 13 条（または子どもの[51]
権利条約 28 条 1 項）が「教育についてのすべての者（または児童）の権
利を認め」、「初等教育は、義務的なものとし、すべての者に対して無
償」と定めている。そこで、日本の実務でも、1995 年からは、義務教
育の学校への就学予定者には、就学案内を通知するようになった。外国
人には「就学義務」がないことを理由として、在留カードを持たず、住
民登録をしていない学齢期の子どもの受け入れを教育委員会が拒否した
り、不登校・未就学を放置したりすることは、許されない。憲法 26 条[52]

---

50)　2021 年 4 月 1 日現在で、全国で 823 の地方自治体（全地方自治体の 46％）
　　が多文化共生を推進するための指針や計画を策定している。総務省「多文化共
　　生の推進に係る指針・計画の策定状況について」（http://www.soumu.go.jp/main_
　　content/000754475.pdf, 2021 年 7 月 25 日閲覧）

51)　1953 年 1 月 20 日の文部省初等中等教育局財務課長回答。

52)　24 文科初第 388 号文部科学省初等中等教育局長通知（2012 年 7 月 5 日）の
　　「外国人の子どもの就学機会の確保に当たっての留意点について」では、「仮に、
　　在留カード等の提示がない場合であっても、一定の信頼が得られると判断でき

所定の保護者の就学させる義務ではなく、社会権規約 13 条・子どもの権利条約 28 条 1 項のように、学校や教育委員会の受け入れ義務の意味に就学義務を読み替えるべきである。また、外国人の子どもの民族教育を受ける権利をどのように保障していくかを検討する必要がある。公立学校での母語教育の設置、私立の外国人学校への公費助成の拡充が課題である。

　これまで国は、文化的権利としての日本語講習を受ける権利を、中国帰国者等に対する定着促進事業・自立支援事業や、難民に対する定住支援プログラム、日系人・定住外国人に対する外国人就労・定着支援研修事業などで保障してきた。しかし、経済的権利としての職業訓練を受ける権利の保障は不十分であり、せいぜい日本の雇用慣行の講習や職業紹介にとどまっている。2019 年施行の日本語教育推進法のもと、国や自治体には日本語教育推進の施策を策定・実施する責務がある。国としての一律の施策と自治体のニーズに即した独自施策が望まれる。加えて、国は司法通訳の養成に努める必要があり、国の制度がない限りは、自治体は独自に医療通訳と行政通訳の養成に取り組む必要がある。

おわりに

　市民的・政治的権利は、第 1 世代の人権と呼ばれ、経済的・社会的・文化的権利は、第 2 世代の人権と呼ばれる。市民的権利、政治的権利、社会的権利の順で、シティズンシップの歴史が説明された。[53] しかし、今

　　る書類により、居住地等の確認を行うなど、柔軟な対応を行うこと」とある。

53）　T. H. マーシャル／トム・ボットモア『シティズンシップと社会的階級 ── 近現代を総括するマニフェスト』岩崎信彦・中村健吾訳（法律文化社、1993 年）19 頁。

日の福祉国家における外国人の権利の発展は、社会的権利のあとに政治的権利が問題となる[54]。さらに、マイノリティが完全なシティズンシップを得るには、文化的権利も必要である[55]。

　通常、新たな国に入国した外国人には 3 つのゲートがある。第 1 に、入国管理のゲートをくぐると正規滞在者の権利として、限定的な経済的権利と社会的権利が認められる（入管法上、正規の在留資格を持たないか、在留期間を経過した非正規滞在者の場合は、大半の市民的権利は保障されるものの、その他の多くの権利は認められていないか、権利を行使することが退去強制につながるおそれをはらむ脆弱な立場にあることが多い）。第 2 に、永住許可のゲートをくぐるかそれに準じた地位を認められた永住者等は、ほぼ完全な経済的権利と社会的権利が認められるが、選挙権・被選挙権といった政治的権利は日本ではまだ認められていない。第 3 に、国籍取得のゲートをくぐってはじめて完全な政治的権利を有する。

　以下、第 2 章から第 6 章では、市民的権利、政治的権利、経済的権利、社会的権利、文化的権利の順に権利の性質別の個別の論点を検討する。第 7 章では、外国人の人権に関するリーディングケースとされるマクリーン事件最高裁判決を再検討する。

◆ 参考文献

外国人ローヤリングネットワーク編『外国人事件ビギナーズ ver.2』（現代人文社、2020 年）。

---

54)　トーマス・ハンマー『永住市民と国民国家 —— 定住外国人の政治参加』近藤敦監訳（明石書店、1999 年）78 頁。

55)　Stephen Castles and Alastair Davidson, *Citizenship and Migration: Globalization and the Politics of Belonging* (New York: Routledge, 2000), pp.121-126.

　〔弁護士向けの入門書であり、外国人をめぐる法的問題を網羅している。〕

後藤光男『永住市民の人権 —— 地球市民としての責任』（成文堂、2016 年）。

　〔外国人の人権をめぐるいくつかの論点を検討している。〕

近藤敦『多文化共生と人権 —— 諸外国の「移民」と日本の「外国人」』（明石書店、
　　2019 年）。

　〔日本の法制度と人権条約等の国際的な人権規範との整合性を検討することで、
　　日本の実態と課題を多角的な視点から整理している。〕

第2章 市民的権利

はじめに —— 市民社会におけるすべての人の権利

　市民的権利には、表現の自由や信教の自由などの**精神的自由**、適正手続などの**人身の自由**、プライバシーの権利や平等といった**包括的人権**、裁判を受ける権利などの受益権がある。これらは、大半の場合、市民社会におけるすべての人の権利となりつつある。しかし、依然として、若干の例外が残っている。どのような市民的権利が、なぜ、どのような外国人に制限されるのであろうか。市民的権利は、政治的権利や経済的権利と密接に関連する場合は、一定の制約を受ける。なかでも、日本では**経済的自由**に分類されることの多い入国の自由と居住の自由について本章で検討する（参政権は政治的権利の第3章で、職業選択の自由や財産権については経済的権利の第4章で扱う[1]）。また、国籍の取得と喪失、家族の権利も外国人にとっては重要であり、最後に略述する。

---

1) 人種差別撤廃条約5条(d)項(ⅱ)は、移動・居住の自由、出国・帰国の権利、国籍の権利、婚姻・配偶者選択の権利などとともに、財産権も市民的権利としている。ただし、起草段階において経済・社会的権利か、市民的権利かという財産権の性質をめぐる意見の対立があり、自由権規約には、財産権の規定はない。

1. 精神的自由

　一般に、精神的自由は、外国人にも保障される。たとえば、集会の自由について、在日朝鮮人の日比谷音楽堂での集会に対し、右翼団体からの抗議行動があるからといって、正当な理由なしに公の施設の利用を拒否することは違法とされ、国家賠償が認められている。[2]

　ただし、政治的権利との関連については、政治活動の自由（政治的な表現の自由）について、「わが国の政治的意思決定又はその実施に影響を及ぼす活動等」は除くとするのが判例の立場である。[3]しかし、このマクリーン事件（巻末資料①参照）で問題とされたような適法なデモへの参加は、本来、「憲法の保障が及ばない政治的活動であるとはいえない」。したがって、「憲法で保障された基本的人権である表現の自由の範囲内の政治的意見の表明である以上、在留期間更新の許否を判断する際のマイナス要素として考慮すべきではなかった。それを認めては、法務大臣は憲法の基本的人権の保障を無視してもよいことになる」という元最高裁判事の批判も、今日ではみられる。[4]また、結社の自由に関し、外国人の政党結成および加入は、憲法上、認められており、外国人の政党加入を認めるかどうかは、政党ごとの判断による。

　ヘイトスピーチ規制が表現の自由を侵害するかという問題については、少なくとも、明白かつ現在の危険を伴う憎悪唱導を処罰する規定を設けることは可能であろう。また、刑罰以外にも、自由権規約 20 条および人種差別撤廃条約 4 条(c)を留保することなく批准している以上、法律

---

2)　東京地判 2009（平成 21）年 3 月 24 日判時 2046 号 90 頁。

3)　マクリーン事件・最大判 1978（昭和 53）年 10 月 4 日民集 32 巻 7 号 1223 頁。

4)　泉徳治「マクリーン事件最高裁判決の枠組みの再考」『自由と正義』62 巻 2 号（2011 年）21 頁。

などで民族的・人種的・宗教的憎悪唱導を禁止し、公務員の人種差別助長・煽動行為を禁止することは、条約上の義務である。**ヘイトスピーチ街頭宣伝差止め等請求事件**（巻末資料⑨参照）のように、民族的出自を理由とする差別的憎悪表現は、私人間においても民法 709 条の不法行為としての損害賠償や差止めの対象となりうる[5]。賠償額の認定について、人種差別撤廃条約との条約適合的解釈を行い、1200 万円を超える高額な賠償を認めた。インターネット上のヘイトスピーチについても、2019 年に法務省人権擁護局がプロバイダに削除要請する旨の通知を出している[6]。また、最高裁は、在日コリアンに対するインターネット上の侮辱発言などの不法行為に対して、在日特権を許さない市民の会（在特会）側に 77 万円の損害賠償を命じている[7]。2017 年の「外国人住民調査報告書—訂正版—」によれば、インターネットを利用している時に「日本に住む外国人を排除するなどの差別的な記事、書き込みを見た」ことが「よくある」が 10.4%、「たまにある」が 31.2% もの数字にのぼる（49 頁）。ドイツのソーシャルネットワークにおける法執行の強化に関する法律では、明白な違法なコンテンツは苦情が届いてから 24 時間以内に削除する義務を課し、最大 5000 万ユーロ（約 65 億円）の過料を定めている。日本でも、インターネット上のヘイトスピーチ規制が検討される必要がある。また、民間レベルでは、セクシャルハラスメントなどの防止規定にエスニックハラスメントの防止を加えることも検討されるべきであろう。

---

5)　ヘイトスピーチ街頭宣伝差止め等請求事件・大阪高判 2014（平成 26）年 7 月 8 日判時 2232 号 34 頁。最決 2014（平成 26）年 12 月 9 日（判例集未搭載）は、高裁判決を支持するもので、上告棄却・不受理決定であった。

6)　法務省権調第 15 号（2019 年 3 月 8 日）。

7)　大阪地判 2016（平成 28）年 9 月 27 日裁判所ウェブページ、大阪高判 2017（平成 29）年 6 月 19 日裁判所ウェブページ、最決 2017（平成 29）年 11 月 29 日判例集未登載。

2. 入国の自由と居住の自由

　経済的権利との関係については、市民的権利のうちで、外国人に制約されている権利は、入国の自由と居住の自由である。外国人の入国の自由は、判例上、憲法 22 条 1 項の居住・移転の自由には含まれないのであって、国際慣習法上と同様、憲法上も保障されておらず、国家の自由裁量によるとある。一方、人権条約上は、自由権規約 12 条 4 項が、入国の自由について、「何人も、自国に入国する権利を恣意的に奪われない」と定めている。「自国に入国する権利（the right to enter his own country）」を「自国に戻る権利」として訳している政府訳は、再入国の自由の側面を想起させるのには適当である。しかし、この権利には、新規に入国する権利や自国に「在留する権利（the right to remain）」など多様な側面を含んでいることを見落としかねない問題がある。

　「自国」の解釈上、新規に入国する権利が一般には外国人に認められないとしても、在留権（引き続き在留することを要求する権利）が認められないこととは別問題である。近年、自由権規約委員会に個人通報された Nystorm v. Australia (2011) では、申立人は、生後 27 日から 32 歳までオーストラリアで暮らしているスウェーデン国民である。自由権規約委員会の多数意見は、在留国との強いつながり、在留国にすべての家族がいること、話す言語、国での滞在期間、スウェーデンとは国籍以外のつながりがないことを考慮して、オーストラリアが「自国」に当たると

---

8)　中国人の密入国者に関する**林栄開事件**・最大判 1957（昭和 32）年 6 月 19 日刑集 11 巻 6 号 1663 頁。

9)　子どもの権利条約 10 条 2 項の政府訳は、「自国に入国する権利」と訳している。

10)　自由権規約委員会の一般的意見 27。

し、犯罪に起因する申立人の退去強制を恣意的と判断し、12 条 4 項に反するとした。同様に、Warsame v. Canada (2011) も、申立人が 4 歳のときからカナダに住んでいるソマリア国民であり、同様の理由で、「自国」に当たるカナダからの退去強制を同項違反とした。いずれの事例でも、「在留国を自国とみなすほどに密接な関係のある外国人」の場合は、在留する権利が認められ、比例原則に反する退去強制の禁止が自由権規約 12 条 4 項から導かれている[11]。この点、日本で生まれ育った、協定永住者の在日韓国人ピアニストが、指紋押捺拒否を理由としてアメリカ留学の際の再入国不許可処分を適法とした崔善愛事件[12]は、今日の自由権規約委員会の多数意見からすれば、同項違反の典型事例といえよう。同事件の高裁判決のように[13]、再入国不許可処分という手段の著しい不利益ゆえに「比例原則」違反に基づく裁量権の濫用の指摘は正当である。自由権規約委員会の新たな解釈に従えば、「長期の在留期間、密接な個人的・家族的つながり、在留目的、その種のつながりが他のどこにもないことなどの考慮」が「自国」の認定基準として重要となる。自由権規約委員会は、「日本で生まれたコリア系の人々のような永住者については、再入国許可を得る必要性をなくす法改正を強く要請する」と勧告している[14]。

　また、入国の自由と居住の自由の保障は、別問題である。居住の自由の内容は、外国人の態様に応じて多様である。自国とみなすほどに密接な関係のある人の場合の在留権といった安定した権利ではないとしても、恣意的に追放（退去強制）されない権利は、自由権規約 13 条が正規滞

11)　詳しくは、近藤敦「『自国に入国する権利』と在留権 —— 比例原則に反して退去強制されない権利」『名城法学』64 巻 4 号（2015 年）26-27 頁参照。
12)　崔善愛事件・最判 2008（平成 20）年 4 月 10 日民集 52 巻 3 号 677 頁。
13)　同事件・福岡高判 1994（平成 6）年 5 月 13 日判時 1545 号 46 頁。
14)　自由権規約委員会・第 4 回日本政府定期報告書に対する総括所見（1998 年 11 月 19 日）18 段落。

在者に保障している。さらに、自由権規約委員会の一般的意見15にあるように「差別禁止、非人道的な取扱いの禁止、または家族生活の尊重の考慮などの一定の状況において外国人は、入国または居住に関連する場合においてさえ規約の保護を享受することができる」。加えて、難民条約33条1項、拷問等禁止条約3条および強制失踪条約16条のノン・ルフールマン（追放・送還禁止）原則によれば、人種・宗教・国籍・政治的意見・特定社会集団所属性を理由とする生命・自由の脅威、拷問および強制失踪の対象となるおそれのある国に送還することはできない。さらには、自由権規約6条が「生命」がおびやかされるおそれ、同7条が「拷問」、「非人道的・品位を傷つける取扱い」などのおそれのある場合にも、送還を禁止する。したがって、難民条約上の難民に限らず、人権条約上の補完的保護対象者への庇護が日本にも求められている[15]。なお、出国の自由が、外国人に保障されること自体は、すでに判例の認めるところである[16]。

3. 身体の自由

　身体の自由について、奴隷的拘束の禁止は、現代の日本ではそれほど重要な意味がないと思われてきた。しかし、今日、人身取引の禁止を、日本国憲法18条の要請であると位置づける視点も必要となっている。
　憲法31条の適正手続は、外国人にも保障され、行政手続にも準用されている。この点、日本の入管実務では、難民申請者も含め非正規滞在

---

15)　近藤敦『人権法〔第2版〕』（日本評論社、2020年）276頁。
16)　最大判1957（昭和32）年12月25日刑集11巻14号3377頁。

の容疑者をすべて原則として収容する原則収容主義が基本とされた[17]。例外として、2004 年に難民申請者に対する仮滞在の制度が導入されても、仮滞在の許可率は非常に低い状況にある[18]。収容は、収容令書で 30 日、さらに 30 日の延長ができるが、退去強制令書が発布されると、収容期間の上限はない。しかし、収容後一定期間を経過した後でも、退去強制の見込みが立たない被収容者は仮放免することが適正手続の要請である[19]。自由権規約委員会によれば、恣意的な抑留を禁止する自由権規約 9 条 1 項に照らし、収容の必要性は定期的に審査し直す必要がある。逃亡・罪証隠滅防止などの目的との適合性を欠く恣意的な収容は違法となる[20]。2021 年に政府は入管法改正案を提出し、長期収容を解消すべく、（難民申請中や訴訟中の場合に）社会内で生活できる「監理措置」を新設したり、（母国の紛争などで）帰国できない人を難民に準じる「補完的保護[21]」を認めたり、退去命令に従わない者には罰則を課したりする案を提出した。これは廃案となったが、そもそも、逃亡のおそれなどの収容の必要性を裁判所が比例原則に照らし審査することが法の支配からは必要であ

---

17)　坂中英徳・齋藤利男『出入国管理及び難民認定法逐条解説〔改訂第 4 版〕』（日本加除出版、2012 年）638 頁。

18)　児玉晃一・関聡介・難波満『コンメンタール 出入国管理及び難民認定法 2012』（現代人文社、2012 年）467 頁。

19)　アメリカ最高裁判決 Zadvydas v. Davis, 5.33 U.S. 678 (2001) では、6 カ月としている。

20)　近藤敦「無国籍の庇護申請者に対する恣意的な収容 —— シャフィーク対オーストラリア事件」『国際人権』19 号（2008 年）177-178 頁参照。

21)　たとえば、欧州連合（EU）の指令による補完的保護は、難民としての資格はないが、自国において以下のような重大な危険にさらされるため帰国できない者に与えられる。①死刑、②拷問または非人間的もしくは品位を傷つける取扱いまたは刑罰、③国際的または国内の武力紛争の状況における無差別な暴力を理由とした民間人の生命または人格に対する重大な危険にさらされていること。

る。本国に帰れない深刻な事情のある人に対し、退去命令を拒否した場合に刑事罰を課しても問題の解決にはつながらない。就労を認めず、生活支援もしない「仮放免」は、人をホームレスの状態に置く「品位を傷つける取扱いとして」自由権規約 7 条違反になることに注意を要する。[22]

なお、「現行犯として逮捕される場合を除いては、権限を有する司法官憲が発し、且つ理由となっている犯罪を明示する令状によらなければ、逮捕されない」と定める憲法 33 条に照らし、非正規滞在者の収容令書の発付者が、司法官憲ではなく、入国警備官と同じ法務省入国管理局（現行の出入国在留管理庁）の主任審査官であることが問題となる。[23] 最高裁は収容令書の発付を待てない要急収容が現行犯逮捕に類するものとして令状は不要であるとした。[24] しかし、要急収容が緊急逮捕に類するのであれば、適正手続の趣旨からは事後的な（入管法 43 条所定の行政機関ではなく、本来、司法機関による）収容令書が必要と思われる。

その他の被疑者・被告人の権利も、行政手続である入管・登録手続にも準用されている。たとえば、憲法 34 条は抑留・拘禁の「理由を直ちに告げられ、且つ、直ちに弁護人に依頼する権利」が与えられなければならないと定めているが、被疑者が理解できる言語で知らされるための通訳制度の整備が必要である。また、（非正規滞在者、難民認定申請者を含む）資力に乏しい外国人のための弁護士費用の公的扶助制度の整備が望まれる。[25]

今日の適正手続には、言語的デュープロセスの観点が重要である。言

22）　HRC, O.Y.K.A. v. Denmark (2017). 近藤敦「出入国管理と外国人の人権 ── 国内法の人権条約適合的解釈に向けて」『国際人権』32 号（2021 年予定）参照。

23）　芦部信喜編『憲法 III ── 人権(2)』（有斐閣、1981 年）143 頁〔杉原泰雄〕。

24）　最決 1974（昭和 49）年 4 月 30 日裁判所ウェブサイト。

25）　難民条約 16 条 2 項は「法律扶助」の内国民待遇を保障しており、総合法律支援法 30 条 2 項の適法在留要件を削除すべきである。

語的な適正手続は、刑事手続だけでなく、行政手続にも及ぶべきである。さまざまな行政サービスを自己の解する言語で受ける権利を確保すべく、**通訳を依頼する権利が憲法 31 条と結びついた 13 条の言語的な適正手続から導かれることに目を向けるべきである。**

4. 幸福追求権と平等

　指紋押捺事件（巻末資料③参照）では、憲法 13 条により「個人の私生活上の自由の一つとして、何人もみだりに指紋の押なつを強制されない自由を有する」と判示された[26]。しかし、指紋押捺は外国人登録の目的上合理的かつ必要であり、当時は一指のみで、その強制も罰則による間接強制にとどまるので、許容限度内であるとして合憲とされた。この点で注目すべきは、別の指紋押捺事件の大阪高裁判決が、指紋押捺を強制されることによって犯罪者扱いにされたような屈辱感、不快感ないし被差別感があるかどうかについて、「原則として自力執行的性格を有し、国内での直接適用が可能である」自由権規約（B 規約）7 条違反の疑いに言及している。同条の「品位を傷つける取扱い」には、「人の地位、立場、名声又は人格をおとしめる行為で、それが一定の程度に達する」とか、「辱め又は卑しめの程度が一定の程度を超えていることを必要とする」との自由権規約委員会の見解を紹介し、以下の判断をしている。「本件指紋押なつ制度が B 規約 7 条に適合するか否かの判断に当たっても、定住外国人とりわけ平和条約国籍離脱者等に対しては特別な考慮が必要である。……平和条約国籍離脱者等が国民に求められない指紋押な

---

26)　**指紋押捺事件**・最判 1995（平成 7）年 12 月 15 日刑集 49 巻 10 号 842 頁。大阪高判 1990（平成 2）年 6 月 19 日判時 1385 号 134 頁、神戸地判 1986（昭和 61）年 4 月 24 日判タ 629 号 212 頁。

つを強制されることを納得することは一般に困難であって、そのことによって平和条約国籍離脱者等が抱く屈辱感、不快感、被差別感は、一般の外国人の場合よりも強いものがあり」、その程度は、「一定の程度」に達すると評価できるのではないかと「疑う余地がある」という。[27]

　事実、指紋押捺は、1992 年の外国人登録法改正により永住者・特別永住者（平和条約国籍離脱者）には廃止され、1999 年の改正により全廃された。もっとも、テロ対策との関係で 2006 年の入管法改正により特別永住者・外交・公用・国の招待で来日した人を除く 16 歳以上の外国人は、指紋や顔写真などの生体情報を入国審査時に採取されるようになった。その指紋が国際指名手配や過去に退去強制になった者の指紋リストと照合される。また、政府の国会答弁によれば、必要があれば、一般の犯罪捜査にも使用可能となったのは、プライバシーの侵害の点で、大きな問題を抱えている。かつての判例では、指紋押捺制度の目的が「在日外国人の把握であり、犯罪捜査の資料の収集が目的でないこと」を合憲性の根拠としていたことにも留意すべきである。[28] また、テロ対策のもとイスラーム教徒の信仰内容にわたる情報などのプライバシー情報の警察による漏洩は、情報管理上の注意義務違反として国家賠償が認められている。[29] ただし、情報収集自体は適法とされたが、ムスリムに対する広範な監視活動自体が自由権規約 17 条のプライバシーおよび 2 条・26 条の平等に反するというのが自由権規約委員会の見解である。[30]

　なお、氏名権も憲法 13 条の保障する人格権の一内容である。テレビ局が韓国人の氏名を日本語読みしていた慣習も受忍限度内とした判例が

---

27)　大阪高判 1994（平成 6）年 10 月 28 日判時 1513 号 71 頁。
28)　大阪地判 1998（平成 10）年 3 月 26 日 LEX/DB28033457。
29)　東京地判 2014（平成 26）年 1 月 15 日判時 2215 号 30 頁。
30)　自由権規約委員会の総括所見（2014 年 7 月 31 日）20 項。

あるが[31]、今日では、本人の意思を尊重した呼称が用いられる傾向にある[32]。

　平等については、駐留米軍に対する関税免除の特例を争った事件において、「憲法 14 条の趣旨は、特段の事情の認められない限り、外国人に対しても類推さるべきものと解するのが相当」と判示された[33]。国籍の有無にかかわらず、憲法 14 条の保障は及ぶ。入浴拒否人種差別事件では[34]、ドイツ国籍者、アメリカ国籍者およびアメリカからの帰化者が、外見上、外国人に見えることを理由に公衆浴場への入浴を拒否されたことが「憲法 14 条 1 項、国際人権 B 規約 26 条、人種差別撤廃条約の趣旨に照らし、私人間においても撤廃されるべき人種差別にあたる」とされた。同様に、ブラジル国籍の女性が宝石店への入店を拒否されたことが人種差別に当たるとされた入店拒否人種差別事件[35]、韓国国籍の女性が賃貸マンションへの入居を拒否された入居拒否人種差別事件などがある[36]。

　2017 年の「外国人住民調査報告書―訂正版―」によれば、過去 5 年間に日本で住む家を探した経験のある人のうち、「外国人であることを理由に入居を断られた」人は 39.3%、「日本人の保証人がいないことを理由に入居を断られた」人は 41.2%、「『外国人お断り』と書かれた物件を見たので、あきらめた」人は 26.8% であった（22 頁）。過去 5 年の間に、日本でお店やレストランなどへの入店やサービスの提供を断られた経験がある人は 6.2% であった（35 頁）。2020 年の「在留外国人に対する基礎調査」では、住居探しにおける困りごとをみると、「国籍等を理

---

31)　最判 1988（昭和 63）年 2 月 16 日民集 42 巻 2 号 27 頁。

32)　本人の意思を確認しない場合、日本と韓国の間では、人名は相互に現地読みをするようになったが、日本と中国との間では、相互の国の読み方を続けている。

33)　最大判 1964（昭和 39）年 11 月 18 日刑集 18 巻 9 号 579 頁。

34)　札幌地判 2002（平成 14）年 11 月 11 日判時 1806 号 84 頁。

35)　静岡地判浜松支部 1999（平成 12）年 10 月 12 日判時 1718 号 92 頁。

36)　京都地判 2007（平成 19）年 10 月 2 日裁判所ウェブサイト。

由に入居を断られた」(20.5%)、「保証人が見つからなかった」(19.7%)がみられる (179 頁)。また、生活での差別的な扱いを受けた経験をみると、「家を探すとき」の割合が最も高く (24.6%)、次いで「仕事をしているとき」(24.1%)、「仕事を探すとき」(19.6%) と続く (246 頁)。

　多くの入居差別や入店差別や就職差別が現状では存在する。手間ひまかけて裁判に訴えれば、勝訴できるのかもしれない。しかし、私人間の争いは、主として民法の不法行為における損害賠償の問題とされ、差別行為を禁止する行政指導や条例制定を求める訴えは退けられている[37]。差別禁止法や差別禁止条例の制定が望まれる。

5. 受益権

　受益権としての裁判を受ける権利、請願権、国家賠償請求権および刑事補償請求権は、性質上、外国人にも保障される。判例は、退去強制の取消訴訟の場合、本国への強制送還は、訴訟代理人により訴訟追行可能なので合憲としている[38]。しかし、難民は「国籍国の外にいる」要件があるため、難民不認定処分取消訴訟では、本国からは訴えの利益がない[39]。そこで、**難民申請者チャーター便送還事件**（巻末資料⑩参照）では、難民不認定に対する異議申立棄却決定の通知直後の集団送還により、取消訴訟を通じた難民該当性に関する司法審査の機会を実質的に奪うことは違法とした[40]。適正手続・裁判を受ける権利を定める憲法 13 条・31

---

37)　大阪地判 2007（平成 19）年 12 月 18 日判時 2000 号 79 頁。大阪地判 1993（平成 5）年 6 月 18 日判時 1468 号 122 頁。

38)　最決 1977（昭和 52）年 3 月 10 日裁判所ウェブページ。

39)　最判 1996（平成 8）年 7 月 12 日判時 1584 号 100 頁

40)　**難民申請者チャーター便送還事件**・名古屋高判 2021（令和 3）年 1 月 13 日

条・32 条の「合憲限定解釈」、自由権規約 2 条 3 項・14 条 1 項、難民条約 16 条の「合人権条約限定解釈」のもと、実質的な司法審査の機会を行政事件訴訟法が定めていることに留意すべきである。また、裁判を受ける権利に関しては、法廷通訳の費用問題が残されている。自由権規約 14 条 3 項(f)が保障する「無料で通訳の援助を受ける」権利は、「無条件かつ絶対的」であり、裁判の結果にかかわらず、後日の求償も予定していないという判例がある。実務の取扱いは、「被告人が貧困のため訴訟費用を納付することができないことが明らかであるとき」という刑事訴訟法 181 条ただし書を根拠に、通訳費用の負担をさせないでいる。しかし、通訳費用も訴訟費用の範囲に含む刑事訴訟費用等に関する法律 2 条 2 号の改正が望まれる。

　請願権についても、衆議院規則 172 条は、「請願書には、普通の邦文を用いなければならない。やむを得ず外国語を用いるときは、これに訳文を附けなければならない」として、日本語の訳文を要求している。日本語の訳文がないことを理由に請願の受理を拒む行為そのものは、憲法 16 条の請願権の侵害に当たるおそれが大きい。国籍を問わず、インターネットでの簡易な請願の受けつけを検討すべきであろう。

　国家賠償請求権については、国家賠償法（国賠法）6 条では、「この法律は、外国人が被害者である場合には、相互の保証があるときに限り、これを適用する」と定めている。外国人受刑者に対する革手錠の継続的な使用を違法とした東京地裁判決では、国賠法 6 条が「外国人による国家賠償請求について相互の保証を必要とすることにより、外国における我が国の国民の救済を拡充することにも資する」との「一定の合理性が

　　裁判所ウェブページ。

　41)　東京高判 1997（平成 9）年 2 月 3 日東高時報（刑事）44 巻 1-12 号 11 頁。

認められる」として、憲法17条および同14条1項に反しないという。[42]
この相互保証主義は、憲法17条が「何人も」賠償請求権を有すると定
めている趣旨に適合せず、[43]日本政府から受けた損害を本国法の不備ゆえ
に甘受しなければならない不合理を理由とした違憲論もある。[44]相互保証
主義の厳格な適用は、当事者にとって過酷であるとの認識があるためか、
これまでの裁判例は、相互保証主義の認定をゆるやかに認める傾向にあ
る。[45]日本にいる外国人の出身国は多岐にわたる。相互保証を立証・審
査する過度な負担を原告・裁判所に課すことは合理的ではなく、国賠法
6条の早急な削除が望まれる。

6. 国籍の取得と喪失

　外国人とは、滞在している国の国籍を持たない人をさす。[46]国籍法のあ

---

42)　東京地判2003（平成15）年6月28日判時1809号46頁。ただし、本件では、
　　原告の出身国のイランでも事実上、相互保証が認められると判断している。もっ
　　とも、北海道強制連行逃避行事件（劉連仁事件）控訴審判決では、1958年当時
　　の中国における国家賠償請求の法制度がなかったことから相互保証の不存在な
　　どを理由に国家賠償責任を否定している（東京高判2005〔平成17〕年6月23
　　日判時1904号83頁）。

43)　宮沢俊義著・芦部信喜補訂『全訂 日本国憲法』（日本評論社、1978年）230
　　頁。

44)　奥平康弘『憲法III』（有斐閣、1993年）392頁。

45)　京都地判1973（昭和48）年7月12日判時755号97頁、広島地福山支判
　　1992（平成4）年4月30日判例地方自治104号76頁、大阪地判1971（昭和
　　46）年2月25日判時643号74頁。

46)　日本において、日本国籍を持たない人が外国人である。したがって、どこの
　　国の国籍も持たない無国籍者も、外国人である。無国籍者をめぐる問題につい
　　ては、近藤敦『多文化共生と人権』（明石書店、2019年）269-288頁参照。東京
　　高判2020（令和2）年1月29日判タ1479号28頁では、旧ソ連の崩壊に伴い

り方が、外国人としての人権保障なのか、国民としての保障なのかを規定する。自由権規約 24 条 3 項が「すべての子どもは、国籍を取得する権利を有する」と定めているように、国籍を取得する権利も、市民的権利の 1 つである。国籍法は、出生に伴う国籍取得に際して、一般に、①生まれた国の国籍を認める「生地主義」と、②親の国籍を承継する「血統主義」とに大別される。また、後天的な国籍取得に際しても、(ⅰ) 行政の裁量などによる「帰化」と、(ⅱ) 一定の居住期間などを要件に権利として国籍を取得する「届出」とに区別することができる。日本の国籍法の特徴は、欧米諸国に比べ、生地主義と届出による居住主義の要素に乏しい。一般に、移民受け入れ国では、早い段階で完全な共同体のメンバーとなることが奨励され、生地主義を採用し、血統主義の要素も取り入れる傾向にある。移民送り出し国では、在外国民の子の血統のつながりを重視する一方、移民受け入れ国に転じたヨーロッパ大陸諸国では、生地主義や居住主義の要素を大幅に取り入れつつある。移民受け入れ国に転じた日本でも、同様の問題がこれからの課題と思われる。

　日本国憲法 10 条は、「日本国民たる要件は、法律でこれを定める」と規定する。伝統的には、国籍の取得と喪失は、国家の主権の作用によるものであり、国際慣習法上、国家は誰が国民であるかを国内法により決定する自由を有するとされてきた。この伝統は、**国家主権の原則**（「国内管轄の原則」または「立法裁量の原則」）と呼ぶことができる。したがって、国会が法律でいかようにも定めることができるかというと、そうではない。1997 年のヨーロッパ国籍条約 3 条・4 条にみられるように、

無国籍となった者の難民性が認められた。そこでは、「第 1 審原告が難民であるばかりでなく、無国籍者でもあって受入見込国が存在しないこと及び退去強制命令を発付すると第 1 審原告が地球上で行き場を失うことは、審査官ら退去強制手続担当者にも一見明白であった。そうすると、本件退令処分の瑕疵は重大明白であった」と判示している。

今日の国際法上は、伝統的な「国家主権原則」は、人権法の発展に伴い、個人の人権を根拠とする以下の3つの原則により、その射程を大幅に狭められつつある。

　第1に、**差別禁止原則**によれば、性別や民族的出自などによる差別的な国籍法は許されない。たとえば、1984年に日本が女性差別撤廃条約9条2項の要請する性差別の禁止を重視して国籍法を父系血統主義から父母両系血統主義に改正したように、[47]多くの血統主義国は類似の改正を必要とした。また、**国籍法違憲判決**（巻末資料⑦参照）において、2008年に最高裁は、両親が婚姻関係にない日本国民の父と外国人の母の間に生まれた婚外子（非嫡出子）の場合は、届出に両親の婚姻を要件としていた旧国籍法3条は、憲法14条1項の法の下の平等違反とした。[48]自由権規約と子どもの権利条約が「出生」による差別を禁じており、「子にとっては自らの意思や努力によっては変えることのできない」不合理な差別は、認められるべきではない。泉裁判官の補足意見のように、非嫡出子という憲法14条1項所定の「社会的身分」ないし親の「性別」による差別ゆえに、より厳格な審査が必要と判断すべきであった。

　第2に、**恣意的な国籍剥奪禁止原則**によれば、本人の意思によらず、何人も恣意的に国籍を奪われない。日本国憲法22条2項は「何人も……国籍を離脱する自由を侵されない」と定めている。この規定は、「何人も、ほしいままにその国籍を奪われ、又はその国籍を変更する権利を否認されることはない」と定める世界人権宣言15条2項を解釈指針として、（「国籍を変更する権利」に着目して）無国籍となる自由を定め

---

47)　条約批准前に、父系血統主義も立法裁量として許されるとした確定判決（東京高判1982〔昭和57〕年6月23日判時1045号78頁）は、類似のドイツ連邦憲法裁判所の判決のようにBVerfGE 37, 217 (1974) 性差別に基づく憲法違反とすべきであった。

48)　**国籍法違憲判決**・最大判2008（平成20）年6月4日民集62巻6号1367頁。

るものではないと通説はいう[49]。しかし、(「ほしいままにその国籍を奪われ」ないという) 本人の意思に反する恣意的な国籍剥奪禁止、すなわち「国籍を離脱しない自由」を定めていることにも留意すべきである。この点、日本の旧植民地出身者とその子孫について、旧植民地の独立に伴う国家承継の場合の国籍変動に際しては、国籍選択権が認められるべきであり、本人の意思によらない国籍の剥奪は禁じられるべきであった。また、今日の特別永住者を外国人として扱うことの矛盾は、朝鮮戸籍や台湾戸籍を理由とした民族的出自 (national origin) による「差別禁止原則」に照らしても問題である[50]。

　第 3 に、無国籍防止原則がある。従来、人はただ 1 つの国籍を持つべきであるという「国籍唯一の原則」が、指摘されてきた。しかし、これは複数国籍防止原則と無国籍防止原則の 2 つの内容を持っていた。今日、複数国籍防止原則は、国際法上の要請とはいえない。人の国際移動と国際結婚の増大により複数国籍者が増えている。平和主義、民主主義、人権擁護などを促進する手段として、複数国籍を認める国は、2020 年には 76% と増えている[51]。その背景には、冷戦の終焉、徴兵制の廃止、移民の増大、国際結婚の増大、国際法の変化を挙げることができる。日本では、国際的にも珍しく、国際結婚や生地主義国で生まれた複数国籍者が大人になってからどちらかの国籍を選ばなければならない「国籍選択制度」や、国外で生まれた複数国籍の子について 3 カ月以内に届出を行わないと日本国籍を喪失する「国籍留保制度」がある。また、自己

49)　芦部信喜『憲法学Ⅲ ── 人権各論(1)〔増補版〕』(有斐閣、2000 年) 586 頁。

50)　近藤敦「特別永住者の National Origin に基づく差別 ── 公務員の昇任差別の実質的根拠」『国際人権』17 号 (2006 年) 76-83 頁。

51)　Vink, Maarten; De Groot, Gerard-Rene; Luk, Ngo Chun, 2015, "MACIMIDE Global Expatriate Dual Citizenship Dataset", doi:10.7910/DVN/TTMZ08, Harvard Dataverse, V5 [2020].

の志望により外国籍を取得した者は日本国籍を失うという「国籍自動喪失制度」を定めている。東京地裁は、国籍自動喪失制度を合憲としているが、その根拠としての複数国籍の弊害（外交保護権の衝突、納税義務の衝突、兵役義務の衝突など）は多くの国で否定されており、日本でも現実の問題は生じていない。判決のいう「できる限り重国籍を防止し解消させるべきであるという理念」は、1930年当時の国際法の理念であり[53]、21世紀にあっては時代錯誤といえる。日本の国籍法は、国籍剥奪禁止原則に抵触する問題をはらんでおり、法改正が望まれる[54]。

おわりに —— 家族の権利と子どもの権利

　日本国憲法24条は、1項で「夫婦が同等の権利」を有すること、2項で「家族」に関する事項は個人の尊厳と両性の本質的平等に立脚する法律で定めることを規定している。これに加え、自由権規約17条が「家族」生活への侵害禁止、23条1項が「家族の保護を受ける権利」を定めている。また、子どもの権利条約3条は、子どもの最善の利益を保障する。外国人の在留資格との関係で、家族の権利が問題となることは多い。たとえば、法務省の「在留特別許可に係るガイドライン」において、日本人や特別永住者の核家族（子や配偶者）を正規の在留資格を

52)　国籍剥奪違憲訴訟・東京地判 2021（令和 3）年 1 月 21 日 Westlaw Japan 文献番号 2021WLJPCA01216002。

53)　1930 年の国籍法の抵触についてのある種の問題に関する条約の前文では「人はひとつの国籍を有すべきであり、かつ、ひとつの国籍のみ有すべきである」とある。しかし、現在、国籍唯一の原則、その結果の重国籍者・複数国籍保持者の削減に法的価値を見出すという方向性は見受けられない。立松美也子「国籍に対する国際人権条約の影響」『共立国際研究』30 号（2013 年）106 頁参照。

54)　近藤、2019、229-250 頁。

認める上で、特に考慮する積極要素とすることは、家族の結合の権利を
保障する実例と思われる。また、相当期間日本に滞在し、日本の初等・
中等教育機関に通う子と同居する親の場合も、特に考慮する積極要素と
して挙げているのは、家族の結合の権利と子どもの最善の利益を保障す
るものである。日本語での教育を受けた子を言葉が十分にわからない国
籍国に送還することは、子どもの最善の利益に反する。近年の日本では、
在留特別許可のガイドラインに反し、学校に通う子どもだけの在留を許
可し、親を退去強制する事例がみられる。しかし、自由権規約委員会は、
Winata v. Australia (2001) において、住んでいる国の学校に通い、社会
との関係を築いてきた子どもにとって、親だけを退去強制するか、親と
一緒に出国するかを選ばせることは、家族への干渉であり、家族結合
の権利を侵害し、子どもへの必要な保護を欠くので、自由権規約 17 条
1 項、23 条 1 項および 24 条 1 項に反するとした。親の付属物ではなく、
子どもを「個人として尊重」するならば、長期間生活している国からの
退去強制が子どもの権利条約 3 条の「子どもの最善の利益」に反する
場合、子どもの権利委員会等は親の正規化も勧告している。

　下級審の判例では、在留を特別に認めない法務大臣の裁量を違法と
する中で、家族の結合の権利（B 規約と呼ばれる自由権規約 23 条）や子
どもの最善の利益（子どもの権利条約 3 条）などに言及するものもある。
たとえば、日本人の配偶者の退去強制について「真意に基づく婚姻関係
について実質的に保護を与えないという、条理及び B 規約 23 条の趣旨
に照らしても好ましくない結果を招来するものであって、社会通念に照
らし著しく妥当性を欠くものといわなければならない」と判示している。

---

55)　永住者等（別表第 2 に掲げる在留資格）の核家族の場合も積極要素として挙
　　げていることも、家族結合の権利を同様に保障するものである。
56)　子どもの権利委員会一般的意見 23（2017 年 11 月 16 日）29 段落。
57)　東京地判 1999（平成 11）年 11 月 12 日判時 1727 号 94 頁。同様に、中国帰

また、アミネ・カリル事件において、東京地裁は、「2歳のときに来日し、10年以上を日本で過ごした原告長女……のこれまで築き上げてきた人格や価値観等を根底から覆すものというべきであり、……子どもの権利条約3条の内容にかんがみれば、この点は、退去強制令書の発付に当たり重視されるべき事情であるといえる。……原告ら家族が受ける著しい不利益との比較衡量において、本件処分により達成される利益は決して大きいものではないというべきであり、本件各退去強制令書発付処分は、比例原則に反した違法なものというべきである」と判示している[58]。今後、ガイドラインの明確化、裁判規範性のためにガイドラインの内容を根拠となる人権条約規定を示しながら法律に明記すること、および退去強制により得られる利益と当事者が受ける不利益とを比較考量する判例の蓄積が課題といえよう。

　また、入管法に、家族呼び寄せに関する体系的な規定を設けるとともに、内縁関係・同性のパートナー・親の呼び寄せ、離婚・死別・DV被害者の場合の自律的な在留資格など、家族の多様なあり方に応じた法整備が望まれる[59]。

　以上みてきたように、市民的権利の多くは、すべての外国人に保障される。しかし、一定の権利が一定の外国人に一定の場合に制約される問

国者の連れ子の退去強制は、「日本国が尊重を義務づけられているB規約及び児童の権利条約の規定に照らして」違法とした。福岡高判2005（平成17）年3月7日判タ1234号73頁参照。

58)　アミネ・カリル事件・東京地判2003（平成15）年9月19日判時1836号16頁。同旨の判例として、東京地判2003（平成15）年10月17日裁判所ウェブサイト参照。

59)　なお、国際離婚の際に帰国する場合は、2014年のハーグ条約批准に先立って、2013年に「国際的な子の奪取の民事上の側面に関する条約の実施に関する法律」が制定された。そこでは、一方の親が子どもを連れ去って帰国することは原則として許されない。例外は、子どもが返還を拒んだり、虐待の危険があったりするような子どもの利益に反する場合に限られる。

題が残っている。もっとも、外国人にはまったく保障されないという市民的権利はなく、従来、外国人には保障されない権利の代名詞とされてきた入国の自由ですら、自国と密接に結びついた外国人には認められる方向にあり、国家の退去強制の裁量は、多くの市民的権利による制約を伴っていることは注意を要する。

◆ 参考文献

国籍問題研究会編『二重国籍と日本』（ちくま新書、2019 年）。
　〔複数国籍をめぐる日本の問題状況が多角的に論じられている。〕
近藤敦「移民法制と外国人の人権保障 —— 多文化共生時代における憲法学」『公法研究』82 号（2020 年）184-194 頁。
　〔居住の自由、平等、人身の自由、裁判を受ける権利、家族の権利などについて、人権条約に照らして日本の判例や実務の見直しを論じている。〕
師岡康子『ヘイト・スピーチとは何か』（岩波新書、2013 年）。
　〔ヘイトスピーチをめぐる諸問題がよくわかる。〕

第 **3** 章 | 政治的権利

はじめに

　自由権規約 25 条は、「選挙および公務への参与」の内容として、狭義の参政権である選挙権、被選挙権に加え、広義の参政権としての公務就任権を掲げている。たしかに、国や自治体の議員や首長といった選挙で選ばれる選挙職の公務員の場合は、文字通りの参政権の問題である。しかし、試験で採用される一般職の公務員の任用は、参政権というよりも、職業選択の問題と考えられることが今日では多い。にもかかわらず、日本の判例は、選挙権と同様、公務就任権にも国民主権原理による制約が可能とみている。もっとも、制約は、憲法上、禁止されているというものではなく、一定の外国人への権利付与を許容している。

1. 外国人参政権をめぐる諸外国の動向

　かつて選挙権は、財産と教養のある男性の特権としてはじまった。しだいに普遍主義的な人権として、財産と性別の要件が撤廃され、第 2 次世界大戦後は男女普通選挙制度が、国際的に一般的である。しかし、今

日のグローバル社会において、多くの定住外国人が政治に参加できないことが民主主義の不足の問題として認識されるようになった。

（スイスの一部の州やアイルランドの先例もあるが）、1970年代以降、スウェーデンをはじめとする国々において定住外国人の地方参政権が広がった。1990年代に欧州連合（EU）が誕生するとEU加盟国の国民であるEU市民には、欧州議会とともに地方参政権を国民と同じ条件で相互に認め合う「EU市民権」が創設された。イギリスをはじめ、旧植民地国とのつながりから英連邦市民などに参政権を認める伝統を維持する国もある。したがって、①居住期間や永住資格を要件とする定住型、②相互主義を要件とする互恵型、③伝統的なつながりに基づく伝統型の3つに大別することができる。表3-1は、各国の状況を3通りに整理する。少なくとも65カ国（国連加盟国の3分の1）は、何らかの形で地方選挙権を認めている。太字は、国会選挙権も認めている国である。また、（ ）内は、一部の州や自治体などに限って外国人参政権を認める場合である。

韓国やニュージーランドなど選挙権だけに限定する国もある。しかし、一般には、選挙権を認めるならば、被選挙権も認めている。選ばれる者（治者）と選ぶ者（被治者）の同一性といった民主主義の理念からも、選挙権だけというのは、好ましくない。アイルランドのように当初、地方選挙権からはじめて、問題がないことを実証してから、被選挙権を認める場合もある。また、互恵型は出身国差別の問題がある。デンマーク、ノルウェー、フィンランド、ベルギー、ルクセンブルクなどのように、互恵型からはじめて、定住型に移行する場合もある。

2. 日本における動向

日本では、旧植民地出身者とその子孫の在日韓国・朝鮮・台湾人が多

表 3-1　外国人の地方選挙権（65 カ国）

1　定住型（34 カ国）
スウェーデン、フィンランド、ノルウェー、デンマーク、アイスランド、**アイルランド**、オランダ、ベルギー、ルクセンブルク、リトアニア、エストニア、スロバキア、スロベニア、ハンガリー、**ニュージーランド**、韓国、**チリ**、**ウルグアイ**、**エクアドル**、コロンビア、ベネズエラ、パラグアイ、ペルー、**マラウィ**、ウガンダ、ルワンダ、ザンビア、ブルキナファソ、カーボベルデ （スイス、アメリカ、中国〔香港〕、イスラエル、アルゼンチン）
2　互恵型（15 カ国）
スペイン、ドイツ、フランス、イタリア、オーストリア、チェコ、キプロス、ラトビア、ポーランド、ブルガリア、ルーマニア、クロアチア、マルタ、ギリシア、ボリビア
3　伝統型（16 カ国）
イギリス、ポルトガル、オーストラリア、モーリシャス、ガイアナ、ブラジル、グレナダ、ジャマイカ、ベリーズ、セントビンセント・グレナディーン、セントクリストファー・ネイビス、セントルシア、トリニダード・トバゴ、バルバドス、アンティグア・バーブーダ、ドミニカ

出典：Hervé Andrès, Le droit de vote des résidents étrangers est-il une compensation à une fermeture de la nationalité? Le bilan des expériences européennes, *Migrations société* 25: 146 (2013), pp.103-116; Global Citizenship Observatory (GLOBALCIT), Conditions for Electoral Rights 2019（https://globalcit.eu/conditions-for-electoral-rights/，2021 年 6 月 20 日閲覧）をもとに作成。

く暮らしている。植民地を正式に放棄した 1952 年のサンフランシスコ平和条約後、法務府（現在の法務省）の通知（民事甲 438 号）により日本国籍を喪失した人々に参政権を認めないことが、この問題を複雑にしている。外国人参政権をめぐる諸外国の動向が日本でも紹介され、1989年に参議院選挙の選挙権に関する最初の外国人参政権の訴訟がはじまる。1990 年代には、外国人の地方参政権を求める裁判所への訴えが続いた[1)]。1995 年の最初の地方選挙権訴訟の最高裁判決は、憲法の国民主権原理

---

1)　詳しくは、近藤敦『新版 外国人参政権と国籍』（明石書店、2001 年）107-135 頁。

を理由に訴えを退けた。しかし、民主主義社会における地方自治の重要性を考慮して、「永住者等」に地方選挙権を認める立法は、「憲法上禁止されているものではない」と判示した。これ以後、国会にボールが投げられた。

　最高裁判決後、自民党・社会党・さきがけの3党連立内閣の村山首相は、前向きに幅広く議論していく必要があるとの認識を示した。しかし、自民党内の意見集約ができず、民主党と平和改革（衆議院の公明党会派）が1998年にはじめて永住外国人の地方選挙権法案を提出する。また、同年、共産党が永住外国人の（被選挙権も含む）地方参政権法案を提出した。2000年には、公明党と自由党が（外国人登録証に国籍名がない朝鮮籍者・無国籍者を除く）永住外国人の地方選挙権法案を提出する。その後も、保守党と公明党、民主党、公明党、共産党などの提出法案もみられた。2009年からの民主党・社民党・国民新党の連立政権は、本格的な政権交代であり、永住外国人の地方選挙権の実現の機運がみられた。しかし、2010年の参議院選挙で大幅な過半数割れをまねくと、一気に機運がしぼんだ。

　一方、自民党は野党の時代に、政権の対立軸として、外国人地方参政権に党として反対することを明確にした。2012年の自民党の憲法改正草案では、15条3項は「公務員の選定を選挙により行う場合は、日本国籍を有する成年者による普通選挙の方法による」とし、94条2項を「地方自治体の長、議会の議員及び法律の定めるその他の公務員は、当該地方自治体の住民であって日本国籍を有する者が直接選挙する」としている。この趣旨は、選挙権の主体の規定に「日本国籍を有する」という文言を挿入することによって、外国人に地方選挙権を認めないことを

---

2)　定住外国人地方選挙権訴訟・最判1995（平成7）年2月28日民集49巻2号639頁。

明確にするものと説明されている。

3. 外国人の選挙権・被選挙権をめぐる憲法解釈

　日本国憲法前文と 1 条が「主権の存する日本国民」と国民主権原理を定め、同 15 条 1 項が公務員の選定・罷免を「国民固有の権利」と定めている。同 44 条は国政選挙について「両議院の議員及びその選挙人の資格は、法律」で定めるとし、公職選挙法に委ねている（同法 9 条 1 項、10 条 1 号・2 号は、衆議院・参議院議員の選挙権・被選挙権を「日本国民」に限定する）。

　一方、地方選挙については、憲法 93 条 2 項が　地方公共団体の長、その議会の議員等は、「地方公共団体の住民」が選挙する旨を定める（地方自治法 18 条、19 条が選挙権・被選挙権を「日本国民」に限定し、公職選挙法 9 条 2 項、10 条 3 号〜 6 号も類似の規定を定める）。

　学説は、①憲法上、定住外国人の参政権が禁止、許容、要請されるのか、②国政レベルと地方レベルの参政権は区分できるのかによって、理論上は、(i) 全面禁止説、(ii) 全面許容説、(iii) 全面要請説、(iv) 国政禁止・地方許容説、(v) 国政禁止・地方要請説、(vi) 国政許容・地方要請説の 6 つに区分しうる。

　全面禁止説の根拠として、憲法 15 条の「国民固有の権利」という文言から、選挙権を「国民だけが有する権利」と解し、外国人の参政権は禁じられるという見解がある。[3] しかし、この文言解釈が正しくないことは、1953 年のいわゆる公務員の当然の法理に関する内閣法制局の見解

---

3)　百地章「憲法と永住外国人の地方参政権 —— 反対の立場から」『都市問題』
　 92 巻 4 号（2001 年）32 頁。

において、憲法15条のいう「固有の（inalienable）権利」とは、国民のみが「専有」する権利と解すのではなく、「奪うべからざる権利」と解すのが正しいと述べていることからも明らかである[4]。不可譲の権利としての人権の性質を表す表現であり、国民だけに限定する意味ではない。国民から選挙権を奪わなければ、永住者等に地方選挙権を付与しても憲法15条の字義に反するわけではない。また、国民主権原理から、全面禁止説を導く根拠も乏しくなっている。今日、国民主権原理を掲げる多くの国の憲法にあっても、一定の外国人の地方参政権を認めている。歴史的にみれば国民主権は君主主権の対抗原理である。「人民（プープル）主権」を採用したフランスの1793年憲法では外国人参政権を認めていたこともあり、主権者である「国民」には「日本における政治的決定に従わざるをえない生活実態」にある「定住外国人[5]」や「永住市民[6]」も含まれるとする全面要請説もある。さらに、ナショナリズムと結びつく国民主権原理は外国人参政権を否定するとしても、デモクラシーと結びつく国民主権原理は外国人参政権を肯定（とりわけ住民自治原理は強く肯定）する。また、主権も多義的である。国籍保有者が有する主権の具体的な内容は憲法改正国民投票権であり、憲法15条の公務員の選定権としての参政権は、憲法11条・97条所定の「将来の国民」たる「永住市民」の基本的人権の保障と結びつけて解釈する「永住市民権」説もある[7]。加えて、国民主権原理は、民主主義と同様「治者と被治者の自同性」を

---

4) 内閣法制局第一部長高辻正巳「日本国籍を喪失した場合の公務員の地位について」（1953年3月25日内閣法制局1発第29号）

5) 浦部法穂「日本国憲法と外国人の参政権」徐龍達編『定住外国人の地方参政権 —— 開かれた日本社会をめざして』（日本評論社、1992年）45頁。

6) 辻村みよ子『憲法〔第4版〕』（日本評論社、2012年）133頁。

7) 近藤敦『外国人の人権と市民権』（明石書店、2001年）111頁。なお、現行の永住許可要件は厳しすぎるため、5年以下の居住期間を要件とする永住許可の制度改革を行った上で「永住市民」とすることが望ましい。

内実とするものであるから、国籍の有無は重要ではなく、「よく練り上げた立法であれば、参政権を与えるのに憲法上の困難はない」との全面許容説もある。そもそも、国政選挙は「国民主権」原理から派生するが、地方選挙は「地方自治の本旨」としての住民自治原理から派生する。国政レベルと地方レベルの区別は可能である。今日、多くの学説は、地方レベルの参政権については許容され、法律によって付与することは認められるとする立場である。最高裁の判例もその立場である。

　国政レベルの選挙権については、日本人と婚姻し永住資格を有するイギリス人が参政権の主体を「日本国民」に限定している公職選挙法の違憲性を争った国家賠償請求訴訟がある。最高裁は、マクリーン事件最高裁判決の「趣旨に徴して明らかであ」るとし、それ以外に何の理由づけもなく原告の請求を棄却した。国政レベルの被選挙権については、1992 年 7 月の参議院比例代表選挙に、在日外国人を構成員とする「在日党」が立候補しようと選管に届け出たところ不受理決定がなされたことに対する国家賠償請求訴訟がある。最高裁は、マクリーン事件最高裁判決の「趣旨に徴して明らか」とし、原告の請求を棄却した。

　地方選挙権については、特別永住者の在日韓国人 2 世らが選挙人名簿への登録に関する異議申立の却下決定の取消を求めた**定住外国人地方選挙権訴訟（巻末資料④参照）**がある。最高裁は、国民主権原理における「国民」とは、「日本国民」であるとした上で、憲法 15 条 1 項は権

8)　奥平康弘『憲法Ⅲ』（有斐閣、1993 年）53 頁。

9)　芦部信喜（高橋和之補訂）『憲法〔第 7 版〕』（岩波書店、2019 年）93 頁。

10)　ヒッグス・アラン参議院選挙権訴訟・大阪地判 1991（平成 3）年 3 月 29 日判タ 779 号 96 頁、大阪高判 1992（平成 4）年 7 月 31 日判例集未登載、最判 1993（平成 5）年 2 月 26 日判時 1452 号 37 頁。

11)　李英和参議院被選挙権訴訟・大阪地判 1994（平成 6）年 12 月 9 日判タ 892 号 167 頁、大阪高判 1996（平成 8 年）年 7 月 19 日訟務月報 43 巻 5 号 1285 頁、最判 1998（平成 10）年 3 月 13 日裁判所ウェブサイト。

利の性質上「日本国民」のみを対象とし、同 93 条 2 項の「住民」も地方公共団体に住所を有する「日本国民」を意味し、外国人は含まれないとして請求を退けた。しかし、同判決は、憲法第 8 章の地方自治の趣旨、「民主主義社会における地方自治の重要性」に鑑みれば、その居住する区域の地方公共団体と特段に密接な関係を持つに至ったと認められる「永住者等」に対しては、法律によって地方選挙権を保障することは「憲法上禁止されているものではない」とし、立法すれば外国人住民にも権利付与が認められるとする「地方選挙権許容説」を採用した。[12] なお、地方の被選挙権については、特別永住者や一般永住者が地方参政権（地方選挙権と地方被選挙権）を保障されていないことについて争った国家賠償請求等訴訟がある。大阪地裁は、「特別永住資格者等に地方参政権を付与する立法措置を講ずるか否かについても、結局のところ立法機関の広範な裁量に委ねられた高度の政策的判断に属する事柄である」と判示しているが、最高裁は訴えを退けるだけである。[13]

　したがって、最高裁判例の立場は、地方選挙権については許容の立場である。しかし、地方被選挙権、国政選挙権、国政被選挙権については、要請の立場でないことは明らかであるものの、禁止か許容かは明らかでない。

---

12)　定住外国人地方選挙権訴訟・大阪地判 1993（平成 5）年 6 月 29 日判タ 825 号 134 頁、最判 1995（平成 7）年 2 月 28 日民集 49 巻 2 号 639 頁。

13)　ホン地方参政権訴訟・大阪地判 1997（平成 9）年 5 月 28 日判タ 956 号 163 頁、大坂高判 1999（平成 11）年 2 月 24 日（判例集未登載）、最判 2000（平成 12）年 6 月 27 日（判例集未登載）。

4. 外国人の住民投票

　国の法改正が必要な地方参政権とは違い、自治体が独自に条例で定める住民投票においては、すでに日本でも外国人に住民投票権を認めている。2002 年 3 月に滋賀県米原町（現在は市）が合併問題に関する住民投票において全国ではじめて永住外国人の投票を認めた。その後、同年 7 月に愛知県高浜市が常設型の住民投票においてはじめて永住外国人に投票権を認めた。2005 年 10 月末の時点で、200 自治体が一定の範囲の外国人に住民投票権を付与する条例を制定していたという[14]。多くは合併のための 1 度限りのものであったが、常設型の住民投票制度を有する自治体も少なくない。

　憲法 95 条が定める 1 つの自治体のみに適用する特別法のための住民投票や、地方自治法が定める条例の制定・改廃等の住民の直接請求権に関する住民投票とは異なり、自治体が任意に条例で定める住民投票は、投票権者の要件について、法律上のしばりがなく、自治体が自由に要件を定めることができる。したがって、住民の幅広い声を聞こうと思えば、年齢要件を引き下げたり、国籍要件を撤廃したりすることもできる。

　常設型の住民投票では、高浜市のように永住資格を要件とする自治体もある。また、川崎市のように、永住者・特別永住者・3 年以上の在留資格者を要件とする場合もある。3 年という基準は、投票事項の内容を理解するため、日本の社会生活や文化、政治制度などの知識を身に付ける上で必要な期間として設定されている[15]。なお、（日本人の実子や高度人

---

14)　田中宏・金敬得編『日・韓「共生社会」の展望 —— 韓国で実現した外国人地方参政権』（新幹社、2006 年）103-105 頁（民団中央本部国際局の調査）。

15)　川崎市総務局市民情報室市民の声担当『川崎市住民投票条例　逐条説明書』（平成 24 年 7 月版）』10 頁。

材の場合）最短で1年の居住で永住者となる要件をクリアーすることを
考えると、5年ないし3年以上の正規滞在を要件とする方が、永住資格
を要件とするよりも合理的かもしれない。他方、投票の結果に責任を負
う者が投票権者であることが（治者と被治者の同一性としての）民主主義
の理念に合致する点からは、別の結論も成り立つ。そこで、帰化に必要
な5年の居住要件よりも長く、10年の居住を原則とする日本の永住許
可制度の問題があるため、原則5年ないし3年の居住を要件とする永
住許可制度に改正した上で、永住外国人を投票権者とするのが適当と思
われる。

5. 外国人の公務就任権

　公務就任権（公務員という職業を選択する自由）について、明治憲法
19条には「日本臣民ハ法律命令ノ定ムル所ノ資格ニ応シ均ク文武官ニ
任セラレ及其ノ他ノ公務ニ就クコトヲ得」との規定があった。しかし、
日本国憲法には、22条1項の一般の「職業選択の自由」以外に、特別
な規定はない。法律によって日本国民のみに制限されている公務員の職
種は、⑴選挙によって選ばれる衆議院議員、参議院議員、都道府県議
会議員、都道府県知事、市町村議会議員および市町村長[16]、⑵内閣総理
大臣[17]、⑶外務公務員[18]だけである。
　行政実務において、従来、いわゆる「**当然の法理**」と人事院規則を根

16）　公職選挙法10条により「日本国民」が要件とされている。
17）　内閣総理大臣は「日本国民」（公選法10条）に留保されている国会議員の中
　　から指名される（憲法67条）。
18）　外務公務員法7条1項により「国籍を有しない者又は外国の国籍を有する者
　　は、外務公務員になることができない」。

拠に、外国人の公務就任が制限されてきた。すなわち、①国家公務員に
ついては、「公務員に関する当然の法理として、公権力の行使または国
家意思の形成への参画にたずさわる公務員となるためには、日本国籍を
必要とするものと解すべき」とする 1953 年内閣法制局見解がある[19]。②
地方公務員については、「地方公務員の職のうち公権力の行使又は地方
公共団体の意思の形成への参画にたずさわる職につくことが将来予想さ
れる職（一般事務職員、一般技術職員等）の採用試験において、日本の国
籍を有しない者にも一般的に受験資格を認めることは適当ではない」と
する 1973 年自治省見解がある[20]。③行政立法で「人事院規則 8-18（採用
試験）」9 条 1 項 3 号が「日本の国籍を有しない者」は、国家公務員の
「採用試験を受けることができない」と定めている。一方、④地方公務
員採用試験については、このような定めがないにもかかわらず、人事委
員会規則や試験要項等の国籍要件で、外国人は受験資格から排除されて
きた。

　しかし、1996 年 5 月、川崎市がこの「当然の法理」を前提としつつ、
それに抵触しないと判断した独自の基準（①消防局を除く全職種での募集、
②採用後の権力的処分や管理職での決裁権の否定）によって外国人の公務
就任資格を認めた。そして同年 11 月に自治大臣が「当然の法理」の解
釈を各地方自治体に委ねたことで、地方公務員の国籍要件は各地で見直
されつつある。表 3-2 は、都道府県と市区町村に対し、一般事務、教
育公務員、医師・看護師について国籍要件の有無、国籍要件のない場
合は管理職などの任用要件の有無に関して自治体の担当部局に尋ねた
2016 年の共同通信によるアンケート調査の結果である。表 3-3 は、助

---

19)　1953（昭和 28）年 3 月 25 日法制局一発第 29 号。この法制局第一部長・高
　　辻正巳による回答における「当然の法理」の根拠づけについては、近藤敦『外
　　国人の人権と市民権』（明石書店、2001 年）209 頁参照。
20)　1973（昭和 48）年 5 月 28 日自治公一部第 28 号。

表 3-2　地方公務員（一般事務、教育公務員、医師・看護師）国籍要件・任用要件

職　種	一般事務				教育公務員				医師・看護師			
	国籍要件		うち任用要件		国籍要件		うち任用要件		国籍要件		うち任用要件	
	あり	なし	あり	なし	あり	なし	あり	なし	あり	なし	あり	なし
市区町村	672	487	179	277	399	476	154	279	351	505	142	317
1612	42%	30%	11%	17%	25%	30%	10%	17%	22%	31%	9%	20%
都道府県	35	10	10	0	7	38	35	3	3	38	20	17
47	74%	21%	21%	0%	15%	81%	74%	6%	6%	81%	43%	36%
自治体全体	707	497	189	277	406	514	189	282	354	543	162	334
1659	43%	30%	11%	17%	24%	31%	11%	17%	21%	33%	10%	20%

出典：共同通信アンケート調査（2016 年）。

表 3-3　地方公務員（助産師・保健師、保育士、調理師）国籍要件・任用要件

職　種	助産師・保健師				保育士				調理師			
	国籍要件		うち任用要件		国籍要件		うち任用要件		国籍要件		うち任用要件	
	あり	なし	あり	なし	あり	なし	あり	なし	あり	なし	あり	なし
市区町村	507	578	188	343	470	569	184	334	371	500	121	334
1612	31%	36%	12%	21%	29%	35%	11%	21%	23%	31%	8%	21%
都道府県	2	42	21	20	3	29	16	11	1	25	8	15
47	4%	89%	45%	43%	6%	62%	34%	23%	2%	53%	17%	32%
自治体全体	509	620	209	363	473	598	200	345	372	525	129	349
1659	31%	37%	13%	22%	29%	36%	12%	21%	22%	32%	8%	21%

出典：共同通信アンケート調査（2016 年）。

産師・保健師、保育士、調理師に関する同様のアンケート調査の結果である。保健師についての任用要件を課さない都道府県が20ある。なお、一般事務について、国籍要件を課す都道府県が35もある一方で、277市町村が、管理職への任用制限なしに門戸を開放しており、政令指定都市では相模原市がこのタイプである。結果は、自治体によりさまざまである。一定の場合を禁止する当然の法理よりも、自治体の裁量の問題とする想定の法理の方が実態に即していることがわかる。なお、同調査によれば、外国人の常勤職員数は、回答のあった1612市区町村では494人、47都道府県では195人、合計689人にすぎなかった。

　憲法学の通説的見解は、「当然の法理」の基準は、「広範かつ抽象的であるため、拡張解釈されるおそれが大きい」という。したがって、「公権力の行使」という「包括的基準ではなく、……より限定的・具体的な基準にしたがって、少なくとも定住外国人（とくに特別永住者）には、……広く公務就任への道を拓くことを考慮する必要」があるとしていた。[21] 現在の多数説は、一口に公務員といってもその職種は多様であり、行政活動は憲法および法律によって行われるのであるから、外国人の公務就任資格を一律に否定することは許されないと解している。[22]「公務就任権」の性格も、憲法上の「職業選択の自由」と「平等権」に立脚するものであると考えられている。

　判例は、地方公務員の管理職選考試験の受験拒否をめぐり、[23] 1審の合

---

21)　芦部信喜『憲法学Ⅱ』（有斐閣、1994年）134頁。

22)　たとえば、渋谷秀樹「定住外国人の公務就任・昇任をめぐる憲法問題」『ジュリスト』1288号（2005年）15頁は、「日本の公務員法制を貫くものは『能力本位の原則』であり、公務員に要求される服務の要諦は『憲法忠誠』である。それ以上でも以下でもない」と指摘する。

23)　原告は、韓国籍の特別永住者である。1950年に日本で生まれ、1952年にサンフランシスコ平和条約後の法務府の通達により、日本国籍を喪失した。父親が韓国籍であり、日本人の母親との間に生まれた原告は、当時の朝鮮戸籍に属

憲判決は、試験期日を過ぎたので受験確認の利益がないとして確認請求を却下した。[24] また、損害賠償について、外国人は、**当然の法理**に基づいて「公権力の行使あるいは公の意思の形成に参画」することによって「直接的または間接的に我が国の統治作用にかかわる職務に従事する地方公務員」に就任することはできないとした。そして、許容されるのは「上司の命を受けて行う補佐的・補助的な事務、もっぱら専門分野の学術的・技術的な事務等に従事する地方公務員」に限られるとして請求を棄却した。ここでは、公務員を統治作用行使公務員と補佐的技術的公務員の2種類に分けている。

　一方、2審の違憲判決は、公務員を統治作用直接行使公務員、統治作用間接行使公務員、補佐的技術的公務員の3種類に分けた。[25] 統治作用間接行使公務員は、「職務の内容、権限と統治作用との関わり方及びその程度を個々、具体的に検討することによって、国民主権の原理に照らし」外国人の就任の可否を区別する必要があるとした。また、「管理職であっても、専ら専門的・技術的な分野」のスタッフ職は、「公権力を行使することなく、また、公の意思の形成に参画する蓋然性が少なく、地方公共団体の行う統治作用に関わる程度の弱い管理職も存在する」とした。したがって、管理職選考試験からの外国人の一律排除は、憲法22条1項の職業選択の自由と同14条1項の法の下の平等に反するとし

すべき人とされた。上記の通達により朝鮮戸籍を理由として日本国籍を喪失した原告は、高校卒業後に、1970年に准看護婦、1986年に看護婦、1988年に保健婦の資格を取得した。1988年に（1986年に門戸が開放された）保健婦（現行の保健師）として東京都職員に採用された。その後、上司の勧めもあり、原告は、1994年度および1995年度の課長級の職への管理職選考試験を受験しようとしたところ、日本国籍でないことを理由に受験を拒否されたので、東京都に対し、受験資格の確認請求と損害賠償請求を訴えた。

24)　東京地判1996（平成8）年5月16日判時1566号23頁。

25)　東京高判1997（平成9）年11月26日判時1639号30頁。

て、慰謝料 20 万円を認定した。

　他方、最高裁は、1 審判決のように公務員の 2 分法を採用しつつ、再び合憲判決を下したが、当然の法理とは違い、新たな想定の法理を打ち出した。[26]「地方公務員のうち、住民の権利義務を直接形成し、その範囲を確定するなどの公権力の行使に当たる行為を行い、若しくは普通地方公共団体の重要な施策に関する決定を行い、又はこれらに参画することを職務とするもの（以下「公権力行使等地方公務員」）」は、「国民主権の原理に基づき、国及び普通地方公共団体による統治の在り方については日本国の統治者としての国民が最終的な責任を負うべきものであること（憲法 1 条、15 条 1 項参照）に照らし、原則として日本の国籍を有する者が公権力行使等地方公務員に就任することが想定されている」という。

　しかし、ここには統治と行政とを区別していない問題がある。後述するドイツのように、統治と呼ぶべき高度な執行権が主権のレベルの問題であり、法律の執行をする一般的な行政実務は主権のレベルの問題ではない。行政庁を補佐する職務であるその他の公務員に対し、日本国籍の想定を法律の根拠なしに導く立論は、説得的ではなく、法治主義に反する。

　また、この最高裁判決は、管理職の任用制度を適正に運営するという行政の便宜を、憲法 14 条違反を退ける合理的な理由としている。しかし、この理由を敷衍する藤田裁判官の補足意見がいうような「全体としての人事の流動性を著しく損なう結果となる可能性」が、現実味を持つ理由たりうるかは疑問である。むしろ、滝井裁判官の反対意見にみる、国籍のみを理由として一切の管理職への昇任のみちを閉ざすことは、人事の適正な運用という「目的の正当性は是認しうるにしろ、それを達成

---

26)　地方公務員管理職昇任差別事件・最大判 2005（平成 17）年 1 月 26 日民集 59 巻 1 号 128 頁。

する手段としては実質的関連性を欠き、合理的な理由に基づくものとはいえない」という違憲論の方が説得的と思われる。

　さらに、本判決は、2審判決とは違い、憲法22条1項の判断をしていない。金谷裁判官の意見にある「日本国民の公務員就任権については、憲法が当然の前提とする」のに対し、「憲法は、外国人に対しては、公務員就任権を保障するものではなく」、「立法府の裁量にゆだねている」ことを国民主権原理から導くことは、憲法の明文規定を無視するものである。また、泉裁判官の反対意見がいうように、憲法8章は地方自治の担い手を「住民」と定め、「地方公共団体との結びつき」から「特別永住者は、その住所を有する地方公共団体の自治の担い手の一人である」こと、国民主権原理が制約根拠となりうるとしても「課長級の職には、自己統治の過程に密接に関係する職員以外の職員が相当数含まれていること」を考慮すれば、本件管理職選考の受験拒否は、法の下の平等と職業選択の自由に反する。最高裁の多数意見が憲法22条1項の判断を回避することは不可解である。「何人も、……職業選択の自由を有する」と定めている憲法規定を無視する本判決の姿勢は、あらかじめ成文の憲法を掲げ、個人の権利・自由を国家権力の恣意的な侵害から守る立憲主義の基本に反する。

おわりに

　朝鮮戸籍という民族的徴表に由来する特別永住者に対する不利益取扱いは、自由権規約26条・2条、人種差別撤廃条約1条に照らし、national origin による差別に当たる。自由権規約26条・2条では、「国民的」出身、人種差別撤廃条約1条では「民族的」出身と訳される 'national' origin は、出身国差別や民族差別を含む概念であり、形式的な国籍差別というよりも、憲法14条1項後段の禁ずる「人種差別」の問

題として厳格な審査に照らし違憲となる。公務就任権をめぐる裁判での東京都の上告理由では、公務就任権が外国人に保障されないことの例証として、自由権規約 25 条(c)が「自国の公務に携わること」を保障しているにとどまっていることなどを指摘する。ここでの自国を国籍国と解し、自由権規約の権利主体が「すべての者」ではなく、「すべての市民」とあることを根拠に、外国人の公務就任権の保障を否認することはできるように思われるかもしれない。しかし、この規定は、一定の外国人住民に対し公務就任権を認めることを禁止するものではない。[27] そればかりか、同規約 25 条は、「第 2 条に規定するいかなる差別もなく、かつ不合理な制限なしに」と定めており、第 2 条所定の「人種、皮膚の色、性、言語、宗教、政治的意見その他の意見、国民的若しくは社会的出身（national or social origin）、財産、出生又は他の地位等」による差別禁止を命じている。ここでは national origin による差別が問題となる。先述した地方公務員管理職昇任差別事件（巻末資料⑥参照）の被上告人は、父が朝鮮人であるという national origin ゆえに、1952 年の通達により、日本国籍を喪失している。また、国連の人種差別撤廃委員会は、「市民でない者に対する差別」についての一般的勧告 30 を 2004 年に公表している。[28] その中で、「national origin」に基づく「市民権の剥奪が、国籍に対する権利の差別のない享有を確保するべき締約国の義務の違反であることを認識すること」（14 段落）、「長期在住者または永住者に対する市民権の否認が、ある場合には、雇用および社会福祉へのアクセスに不利益を生じさせ、条約の非差別原則に違反する結果となることを考慮すること」（15 段落）を勧告している。このため、人種差別撤廃委員会は、

---

27)　David Harris and Sarah Joseph (eds.), *The International Covenant on Civil and Political Rights and United Kingdom Law* (Oxford University Press, 1995), pp.536, 557-558.

28)　人種差別撤廃委員会・一般的勧告 30（2004 年 8 月 5 日）。

日本政府に対し、「数世代にわたり日本に在留するコリアンに対し、地方参政権および公権力の行使または公の意思の形成への参画にも携わる国家公務員として勤務することを認めること」を勧告している[29]。

　また、多文化共生社会においては、国民と外国人との差別をなくし、適材適所の採用を通して、社会を活性化させることが期待される。災害の多い日本では、防災訓練に外国人住民の参加が望まれるだけでない。外国人住民の中から積極的に消防団員になる人の登用が今後の課題である。消防団員は、非常勤特別職の地方公務員であるため、地方公務員法の適用を受けず、条例で身分を定めている。立ち入り検査や家屋の破壊をともなう消火活動といった公権力を行使する活動については、国籍要件が必要としても、公権力の行使に関わらない機能で入団を認める「機能別消防団」には、外国人も入団可能である[30]。大きな地震の被害にあった地域で外国人消防団員の活躍がすでに紹介されている[31]。2016 年の共同通信のアンケートでは、1613 市区町村のうち 9% の 147 自治体で採用例があり、約 1100 の自治体（68%）は「現在はいないが任用可能」と答えている。

　そのほか、（科学の発達を目的とする）日本学術会議会員、（民事または家事事件において調停する）調停委員、（民事事件における和解を補助し意見を述べる）司法委員、（人権の擁護を目的とする）人権擁護委員、（住民の相談に応じ援助する）民生委員、（児童の福祉の手助けをする）児童委員、教育委員会委員などの国籍要件も、見直しが必要である[32]。

---

29)　同・日本の定期報告書に対する総括所見（2018 年 8 月 30 日）22 段落。

30)　参照、消防庁・消防審議会（2005 年 5 月 23 日）、荒木慶司消防庁長官発言・参議院総務委員会（2008 年 5 月 15 日）、岡本保消防庁長官発言・衆議院総務委員会（2009 年 5 月 12 日）。

31)　熊本県南阿蘇村のカナダ人消防団員（2016 年 4 月 22 日西日本新聞朝刊）。

32)　自由人権協会編『外国人はなぜ消防士になれないか —— 公的な国籍差別の

◆参考文献

近藤敦「地方参政権と外国人」『都市問題』108 号（2017 年）39-44 頁。

　　〔地方参政権をめぐるこれまでの問題を整理している。〕

自由人権協会編『外国人はなぜ消防士になれないか —— 公的な国籍差別の撤廃
　　に向けて 』（田畑書店、2017 年）

　　〔国家公務員や地方公務員以外にも、調停委員や司法委員などの国籍要件につ
　　いても解説している。〕

菅原真「政治的権利」近藤敦編『外国人の人権へのアプローチ』（明石書店、
　　2015 年）94-121 頁。

　　〔参政権、公務就任権、住民投票権の問題をわかりやすく解説している。〕

　　撤廃に向けて』（田畑書店、2017 年）51-63 頁。

第4章 | 経済的権利

はじめに

　外国人の「経済的権利」として、本章では、職業選択の自由、財産権、勤労の権利、および労働基本権について扱う。日本国憲法では、職業選択の自由（22条）と財産権（29条）は、「経済的自由権」として分類され、勤労の権利（27条）と労働基本権（28条）は、「社会権」として分類されることが一般的である。

　他方、国際人権規約では、職業選択の自由に対応する「労働権」（6条）、勤労の権利に対応する「公正かつ良好な労働条件を享受する権利」（7条）、労働基本権に対応する「労働組合関連の権利」（8条）は、経済的権利として分類されている。また、財産権については、自由権か社会権かという議論もあり、国際人権規約における明文規定は見送られた。

　人権を国内法的に保障するのみならず、国際法的にも保障しようとする流れは、第2次世界大戦後に強まった。その最初の試みが1948年の世界人権宣言である。しかし、東西の対立と南北の対立を反映して、「宣言」という形式にとどめ、法的拘束力を持たない形で発効した。そこで、1966年に国際人権規約が採択された。ソビエトなどが求める「経済的、社会的及び文化的権利に関する国際規約」（これを「**社会権規約**」

または「A 規約」と呼ぶ）とアメリカなどの求める「市民的及び政治的権利に関する国際規約」（これを「自由権規約」または「B 規約」と呼ぶ）の二本立てとなり、日本は 1979 年に両方とも批准した。ただし、批准に際して、日本は 3 点の留保と 1 点の解釈宣言を行った。[1] そのうち、A 規約 13 条 2 項 b および c の規定の適用に当たり「特に、無償教育の漸進的な導入により」に拘束されない旨の留保については、いわゆる高校無償化法が 2010 年に成立したこともあり、2012 年に撤回された。

経済的権利に直接的に関わる国際人権規約は、社会権規約である。しかし、社会権と自由権は、相互依存的に相まって実現されていくものであり、分けて考えられるべきではない。1993 年の国連のウィーン宣言 5 項では、「すべての人権は、普遍的であり、不可分かつ相互依存的であって、相互に関連している」という。自由権と社会権とをまったくの別物と考えるのではなく、人間の尊厳に基づく人権の不可分性・相互依存性・関連性にも目を向ける必要がある。

1. 職業選択の自由

社会権規約 6 条では、「この規約の締約国は、労働の権利を認めるものとし、この権利を保障するため適当な措置をとる。この権利には、すべての者が自由に選択しまたは承諾する労働によって生計を立てる機会を得る権利を含む」と定めている。

---

1) 1979 年外務省告示 187 号。第 1 に、A 規約 7 条 d の規定の適用に当たり「公の休日についての報酬」に拘束されない旨の留保を付した。第 2 に、A 規約 8 条 1 項 d（同盟罷業）の規定に拘束されない旨の留保を付した。解釈宣言としては、A 規約 8 条 2 項および B 規約 22 条 2 項の「警察の構成員」に消防職員が含まれるものと解釈する。

　この労働の権利ないし職業選択の自由は、外国人に限らず、自国民に
対しても一定の制限が存在する。それは、医師、弁護士、税理士など一
定の資格を有することが求められる場合や、郵便事業など公益の見地か
ら定められた職業の場合である。

⑴ 外国人に法律上制限されている職業

　一方、公証人や水先人のように、外国人に対して、法律で制限され
ている職業が存在する。また、外為法(「外国為替及び外国貿易法」)は、
「我が国又は国際社会の平和及び安全の維持」のために、武器、電気業
など国の安全や公の秩序を損なうおそれのある業種への外国人や外国法
人による投資を規制している。[2] さらに、電波法や放送法や航空法などは
役員などの外国人比率を規制している。

　公証人は、公証人役場において、契約や遺言等の「公正証書」を作成
し、外国宛の文書等を「認証」するのが、その仕事である。国家公務員
法上の公務員ではないものの、法務大臣が任命する実質的な意味での公
務員に当たる。元検察官・裁判官・法務省職員が任命されることが多い。
公証人法 12 条 1 項 1 号には、「日本国民ニシテ成年者タルコト」とい
う要件が定められている。

　水先人とは、港湾での安全を守るため、船長の要請を受けて、水先艇
による誘導か、船に乗り込んで目的地への着岸を誘導する専門職である。
国家試験である水先人試験に合格する必要がある。水先法 6 条 1 号には、
「日本国民でない者」という欠格要件を定めている。

　電波法 5 条 1 項 1 号は、無線局の免許の欠格要件として「日本国籍
を有しない人」と定めている。同 2 号では「外国政府又はその代表者」、

　2)　杉山幸　「外国人等の権利保障とその規制について —— 経済的自由をめぐっ
　　て」『憲法研究』52 巻(2020 年)150-151 頁。

同 3 号では「外国の法人又は団体」も欠格要件である。テレビやラジオの**放送局**では、外国人の役員は 5 分の 1 未満でなければならない（同 5 条 4 項、放送法 93 条 1 項 7 号ニ）。航空法 4 条も、外国人、外国法人、外国人役員が 3 分の 1 以上の法人が所有する航空機の登録を認めていない。

(2) 資格外活動における制限

さらに、入管法 19 条によれば、就労や留学などの在留資格を持つ外国人は、許可された在留資格に応じた活動以外に、収入を伴う事業を運営する活動または報酬を受ける活動を行おうとする場合には、あらかじめ**資格外活動**の許可を受けなければならない。加えて、出入国管理及び難民認定法施行規則 19 条 5 項が、「1 週について 28 時間以内（長期休業期間は 1 日 8 時間以内）」や「風俗営業」等の禁止などの留学生の就労活動制限を定めている。

(3) 技能実習における職場選択の自由の制限

1990 年に新設された在留資格「研修」で来日した外国人は「研修生」という名のもとで労働法の適用除外の環境に置かれ、労働者としての保護が不十分であった。実質的に低賃金労働者として働かせたり、パスポートや通帳を取り上げたり、使用者が気に入らないと強制帰国させるなど、悪質な人権侵害行為が横行した。1993 年に「特定活動」の在留資格で技能実習制度が創設された。研修で 1 年、技能実習で 1 年の在留が認められ、1997 年からは技能実習で 2 年の最長 3 年の在留が認められた。

しかし、人権侵害の問題は解消せず、国内外からの厳しい批判にさらされ、まず 2010 年から、新たに「**技能実習**」という在留資格が設けられた。非労働者としていた研修生の地位ではなく、最初から労働関係諸法令が適用されることになった。

　ついで、2017 年から技能実習法（「外国人の技能実習の適正な実施及び技能実習生の保護に関する法律」）が施行された。管理団体の許可制・技能実習計画の認定制が採用され、人権侵害行為等への罰則・外国人技能実習機構による相談などの保護支援策が導入された。

　これらの変更によって多少の改善はみられるようになったものの、この制度の構造そのものが内包する本質的な問題は残ったままである。すなわち、「労働」でありながら、憲法 22 条 1 項および社会権規約 6 条が保障する職業選択の自由（職場選択の自由）はほぼ皆無である[3]。配属された職場で労働法違反や人権侵害行為があったとしても、送り出し国での保証金や違約金などの存在もあって、我慢を強いられる弱い立場に構造的に置かれている。

　日本弁護士連合会の提言においても[4]「外国人労働者が職場を選択する自由を保障すること」が盛り込まれている。憲法 22 条 1 項および社会権規約 6 条の実効化に向けて、抜本的な見直しは喫緊の課題である。2019 年からの**特定技能 1 号・2 号**では、職場選択の自由が認められている。今後は、技能実習制度を廃止し、特定技能の拡充・要件緩和が人権保障の観点からは望まれる。なお、技能実習生は、入国 1 年目が 1 号技能実習、2 〜 3 年目が 2 号技能実習の在留資格であり、第 3 号技能実習に移行する道に加えて、特定技能 1 号に転職する可能性が認められることになった。この転職を阻止するために、これまでの技能実習にかかった費用の返還を求めることは許されない。

3）　奥貫妃文「経済的権利」近藤敦編『外国人の人権へのアプローチ』（明石書店、2015 年）50-51 頁。
4）　日本弁護士連合会「外国人技能実習制度の廃止に向けての提言」2011 年 4 月 15 日。

2. 公正かつ良好な労働条件を享受する権利

　社会権規約 7 条は、公正かつ良好な労働条件を定めている。具体的には、(a) (i) 「公正な賃金」および男女平等の「同一価値労働同一報酬」である。(a) (ii) 「労働者およびその家族のこの規約に適合する相応な生活」である。就労可能な業種が限定されている在留資格の場合、基準省令で「日本人が従事する場合に受ける報酬と同等以上の報酬を受けること」が在留資格取得要件である。しかし、**ナルコ事件**[5]のように、かつての研修生は、実態が知識・技術の習得ではなく、労務の提供であり、その対価としての労働基準法 9 条所定の「賃金」に当たるものの、最低賃金以下で働かされていたり、高額な住居費などを請求されたりする問題が多かった。技能実習生においても、類似の問題がたびたび指摘されている[6]。2017 年の「外国人住民調査報告書—訂正版—」によれば、「同じ仕事をしているのに、賃金が日本人より低かった」という回答は 19.6% であった（28 頁）。厚労省の「令和元年賃金構造基本統計調査」によれば、技能実習生（平均 26.1 歳）とほぼ同じ年齢層（25〜29 歳）、かつ中小企業・小規模事業者での国内労働者全体の賃金を比較すると、1 カ月あたり女性で約 6 万円、男性で約 8 万円の開きがあるという[7]。技能実習生の 1 時間あたり賃金は 977 円であり、最低賃金を少し上回るだけの水準にある。

---

5)　**ナルコ事件**・名古屋地判 2013（平成 25）年 2 月 7 日労判 1070 号 38 頁。

6)　後述する**デーバー加工サービス事件**など。また、類似の事例については、鳥井一平『国家と移民 —— 外国人労働者と日本の未来』（集英社新書、2020 年）80-122 頁参照。

7)　加藤真「縮小する雇用状況下での新たな外国人労働者の受入れ —— 諸外国の事例を通して考える『特定技能』のこれから」『三菱 UFJ リサーチ＆コンサルティング・政策研究レポート』（2020 年）10 頁。

　また、(b)「安全かつ健康的な作業条件」といった労働安全衛生である。日本語が十分でない外国人のための母語による労働安全衛生教育・健康診断、労働災害防止のための日本語教育や基本的な合図などの習得が重要である。**ナルコ事件**では、日本語をほとんど理解できない中国人研修生に対し、母語での書面の交付や説明による安全教育を行わなかったことが、パイプ加工工場での事故につながり、安全配慮義務に違反するとして損害賠償を認めた。

　さらに、(c)「先任」および「能力」以外のいかなる事由も考慮されることなく、すべての者がその雇用関係においてより高い適当な地位に「昇進する均等な機会」を保障している。2017 年の「外国人住民調査報告書―訂正版―」によれば、「外国人であることを理由に、昇進できないという不利益を受けた」という回答は 17.1% であった（28 頁）。また、2019 年の「在留外国人に対する基礎調査報告書」によれば、現在の仕事の困りごととして「採用、配属、昇進面で日本人と比べて不利に扱われている」は 12.5% であった（227 頁）。

　加えて、(d)「休息」、「余暇」、「労働時間の合理的な制限」および「定期的な有給休暇」ならびに「公の休日についての報酬」の保障である。2017 年の「外国人住民調査報告書―訂正版―」によれば、「勤務時間や休暇日数などの労働条件が日本人より悪かった」という回答は 12.8% であった（28 頁）。

(1) 日本で働く外国人労働者の現状

　統計上の「外国人労働者」からは、特別永住者は除かれている。（外国人雇用状況の届出制度の対象外とされている特別永住者、在留資格「外交」・「公用」の者を除く）「外国人労働者」は、厚生労働省の 2020 年 10 月末の統計によれば、172 万 4328 人である。統計を取り始めた 2007 年以来最多の数字となった。

　表 4-1 にみるように在留資格別の割合は、技術・人文知識・国際業

表 4-1　在留資格別の「外国人労働者」数

在留資格	外国人労働者数	構成比
①専門的・技術的分野の在留資格	359,520	20.8%
うち技術・人文知識・国際業務	282,441	16.4%
②特定活動	45,565	2.6%
③技能実習	402,356	23.3%
④資格外活動	370,346	21.5%
うち留学	306,557	17.8%
⑤身分に基づく在留資格	546,469	31.7%
うち永住者	322,092	18.7%
うち日本人の配偶者等	95,226	5.5%
うち永住者の配偶者等	15,510	0.9%
うち定住者	113,641	6.6%
⑥不明	72	0.0%
総　数	1,724,328	100.0%

出典：厚生労働省「『外国人雇用状況』の届出状況まとめ（2020 年 10 月末現在）」。

務などの就労を目的とした「専門的・技術的分野の在留資格」の人は 2 割ほどしかいない。建前上は国際貢献目的の「技能実習」や、留学生のアルバイトなどの「資格外活動」の方が、多くなっている。（定住者や永住者などの身分に基づく在留資格を持つ、ブラジルやペルーやフィリピンなどの出身の「日系人」も含め）これらの人が、事実上の労働力を補っている状況がうかがえる。

　また、表 4-2 にみるように国籍別の割合は、最も多いのがベトナムの約 44 万人（25.7%）である。次いで、中国の約 42 万人（24.3%）、フィリピンの約 18 万人（10.7%）、ブラジルの約 13 万人（7.6%）と続き、以下、ネパール（5.8%）、韓国（4.0%）、インドネシア（3.1%）、アメリカ（2.0%）、ペルー（1.7%）となっている。前年と比べ、増加率が高いのは、ベトナムとネパールだ。

　在留資格別にみると、「専門的・技術的分野の在留資格」は、中国、ベトナム、韓国、アメリカの順に多い。一方、「技能実習」は、ベトナ

表 4-2　国籍別・在留資格別の「外国人労働者」数

国 籍	総 数	専門的・技術的分野	特定活動	技能実習	資格外活動	身分に基づく
ベトナム	443,998	62.155	10,403	218,600	136,781	16,057
中国	419,431	122,485	5,120	76,922	95,878	119,018
フィリピン	184,750	12,537	5,207	34,590	3,176	129,235
ブラジル	131,112	1,039	78	96	278	129,621
ネパール	99,628	17,017	2,529	644	74,673	4,764
韓国	68,897	30,719	3,084	38	8,260	26,789
インドネシア	53,395	5,718	2,919	33,239	5,356	6,162
アメリカ	33,697	20,310	94	3	678	12,581
ペルー	29,054	154	28	64	70	28,738

出典：厚生労働省「『外国人雇用状況』の届出状況まとめ（2020 年 10 月末現在）」。

ム、中国、フィリピン、インドネシアの順である。留学生や家族滞在などの「資格外活動」は、ベトナム、中国、ネパールの順に多い。

　ついで、表 4-3 にみるように、産業別では、外国人労働者は、製造業が最も多く、外国人労働者数全体の 28.0% を占めている。次いで、サービス業、卸売業・小売業、宿泊業・飲食サービス業と続く。製造業の内訳では、食料品製造業が約 14 万人、輸送用機械器具製造業が約 9 万人と多い。

　都道府県別の割合をみると、東京が 28.8%、愛知が 10.2%、大阪が 6.8% の順である。産業別の内訳において、東京は、宿泊業・飲食サービス業が 21.3%、卸売業・小売業が 19.2% と多い。愛知は、製造業が 44.0% と極めて多い。大阪も、製造業が 23.3% と多い。

　なお、労働者派遣・請負事業を行っている事業所に就労している外国人労働者数は、34 万 2179 人であり、外国人労働者全体の 19.8% を占めている。日本人も含む雇用者全体に占める派遣労働者の比率が 3.2%

表 4-3　産業別「外国人労働者」数（人）と構成比（%）

産業	外国人労働者数	構成比
製造業	482,002	28.0%
サービス業（他に分類されないもの）	276,951	16.1%
卸売業・小売業	232,014	13.5%
宿泊業・飲食サービス業	202,913	11.8%
建設業	110,898	6.4%
教育、学習支援業	71,775	4.2%
情報通信業	71,284	4.1%
運輸業、郵便業	61,680	3.6%
学術研究、専門・技術サービス業	58,435	3.4%
医療、福祉	43,446	2.5%
農業、林業	38,208	2.2%
その他	74,722	4.2%
合　計	1,724,328	100.0%

出典：同上（2020 年 10 月末現在）。

（2017 年 10 月 1 日現在）であるので、外国人労働者の多くが、間接雇用[8]で雇用されていることがわかり、雇用の安定性に乏しいことは否めない。2008 年のリーマンショック時に日系人が解雇や雇止めにあうことが多かった。コロナ禍においても同様の問題が起きている。

　労働者派遣・請負事業を行っている事業所に就労している外国人労働者は、産業別にみると、「製造業」では、同産業の外国人労働者数全体の 14.4% に当たる 6 万 9415 人である。労働者派遣業を含む「サービス業（他に分類されないもの）」では、同 69.4% に当たる 19 万 2279 人である。「製造業」の中でも「電気機械器具製造業」と「輸送用機械器具製造業」においては、派遣・請負の外国人労働者数の割合が高く、それぞれ 24.6%（7877 人）、26.0%（2 万 3318 人）となっている。

---

8)　厚生労働省「平成 29 年派遣労働者実態調査の概況（再集計確報版）」。

(2) 日本の労働関係法令における国籍差別・人種差別禁止規定

　日本の主要な労働法規には、国籍や人種による差別を明確に禁止する規定が存在している。労働条件の最低基準を定める**労働基準法**では、「使用者は、労働者の国籍、信条又は社会的身分を理由として、賃金、労働時間その他の労働条件について、差別的取扱をしてはならない」と定める（3 条）。職業紹介や労働者の募集についてのルールを定め職業の安定をはかる**職業安定法**では、「何人も、人種、国籍、信条、性別、社会的身分、門地、従前の職業、労働組合の組合員であること等を理由として、職業紹介、職業指導等について、差別的取扱を受けることがない」と規定する（3 条）。派遣労働者の保護のための**労働者派遣法**では、「労働者派遣の役務の提供を受ける者は、派遣労働者の国籍、信条、性別、社会的身分、派遣労働者が労働組合の正当な行為をしたこと等を理由として、労働者派遣契約を解除してはならない」と定めている（27 条）。

　労働者が使用者との交渉において対等の立場に立つことを促進するための**労働組合法**では、「何人も、いかなる場合においても、人種、宗教、性別、門地又は身分によって組合員たる資格を奪われない」と定める（5 条 2 項 4 号）。権利主体が国民とある**国家公務員法**では「全て国民は、この法律の適用について、平等に取り扱われ、人種、信条、性別、社会的身分、門地又は第 38 条第 4 号に該当する場合を除くほか政治的意見若しくは政治的所属関係によって、差別されてはならない」と規定する（27 条）。**地方公務員法**も、「全て国民は、この法律の適用について、平等に取り扱われなければならず、人種、信条、性別、社会的身分若しくは門地によって、又は第 16 条第 4 号に該当する場合を除くほか、政治的意見若しくは政治的所属関係によって、差別されてはならない」と定めている（13 条）。

　また、上級の行政機関が下級の行政機関に示す**通達**において、「職業安定法、労働者派遣法、労働基準法等労働関係法令は、日本国内におけ

る労働であれば、日本人であると否とを問わず、また、不法就労である
と否とを問わず適用される」との行政解釈を示している[9]。したがって、
外国人の「不法就労者」であっても、多くの労働関係法令が適用される。
たとえば、労働安全衛生法、労働者災害補償保険法、最低賃金法等の労
働保護法は、現実の雇用関係における労働者の保護を目的とする法令で
あるため、「不法就労者」にも適用される。労働組合法も、当事者の意
思にかかわらず、日本国内では日本の法が適用されるべき法規であり、
「不法就労者」にも適用される。

　ただし、外国人への職業安定法の適用はあるとはいえ、公共職業安定
所では、「その内容が法令に違反する求人の申込み」を受理しないこと
ができるようになっている（5条の5）。したがって、「不法就労」につ
ながる職業紹介は、行われない。雇用保険法も、明文上、不法就労者の
除外規定はない。しかし、「不法就労者」は、労働の「能力」（4条3項）
を適法に有するとはいえず、失業と認定しえないとして、失業等給付の
支給はなされていない[10]。

　そして労働施策総合推進法[11]は、外国人の不法就労の防止策を図り（4
条3項）、外国人の雇用・離職に際し、厚生労働大臣に外国人の雇用状
況を届け出る義務を課している（28条）[12]。外国人雇用管理指針[13]におい

9）　労働省労働基準局長、労働省職業安定局長の通達「外国人の不法就労等に係
る対応について」（1988年1月26日基発50号、職発31号）。

10）　早川千津子「外国人労働者をめぐる法政策」近藤敦編『多文化共生政策への
アプローチ』（明石書店、2011年）108頁。

11）　旧雇用対策法であり、正式名は、「労働施策の総合的な推進並びに労働者の
雇用の安定及び職業生活の充実等に関する法律」。

12）　特別永住者等、同制度の対象ではない外国人もいる。なお、法務大臣から求
めがあったときは、厚生労働大臣は同届出に係る情報を提供するものとされて
いる（同29条）。

13）　「外国人労働者の雇用管理の改善等に関して事業主が適切に処するための
指針」（厚生労働省告示第276号）。

て、氏名や言語などから外国人であることが一般的に明らかであると
いった「通常の注意力」をもって外国人であると判断できる場合、事業
主は、外国人の氏名、在留資格、在留期間、生年月日、性別、国籍等を、
旅券や在留カード等で確認し、届け出る必要がある。外国人労働者に対
し安全衛生教育を実施するにあたっては、「その内容を理解できる方法
により行うこと」、労働災害防止のため、「必要な日本語及び基本的な合
図等を習得させるよう努めること」が定められている。なお、法務省は、
「賃金の未払い」や「労働災害」などが認められる場合は、必要な救済
措置がとられるように送還を見合わせるなど、柔軟に対応すると国会で
答弁している。[14]

(3) 労働関連の判例

労働基準法 3 条において、労働条件の国籍差別を禁止し均等待遇を
定めているものの、雇用に関する国籍差別は広く行われていた。1970
年代になってからの**日立製作所就職差別事件**では、在日朝鮮人であるこ
とを隠して応募した原告が内定を受け、入寮手続の際に在日朝鮮人であ
ることを告げたとたんに内定を取り消された。在日朝鮮人であることを
理由とする解雇の無効を確認し、「労働基準法 3 条に抵触し、公序に反
するから、民法 90 条により」不法行為に当たるとして損害賠償を認め
ている。[15] 1979 年に国際人権規約を批准する以前の判例であり、民族差
別違反を支える根拠規定が不明確な時期の画期的な判決であった。

そもそも、労働基準法 3 条は、賃金その他の労働条件差別を禁止す
るもので、採用差別を禁止するものではなく、企業の雇い入れの自由を

---

14) 参議院・労働委員会(1993 年 6 月 1 日、法務省入管局警備課長答弁)。

15) 日立製作所就職差別事件・横浜地判 1974(昭和 49)年 6 月 19 日判時 744
号 82 頁。

認める判例がある。2017年の「外国人住民調査報告書―訂正版―」によれば、「外国人であることを理由に解雇された」という回答は4.4%であるのに対し、「外国人であることを理由に就職を断られた」という回答は25.0%もあった（28頁）。いったん採用された後の解雇時の国籍差別よりも、採用段階での国籍差別の方が多いのが実態であろう。そこで、採用時の雇用機会の差別を禁止する男女雇用機会均等法5条のように、国籍に関する雇用差別も禁止する差別禁止法が望まれる。日本における外国人に対する差別禁止法制は、第1章の表1-2の「移民統合政策指数2019年」にみるように、52カ国中50番目の水準であることに今後は目を向けるべきである。

　また、外国人との契約だけが「期間の定めある契約」、すなわち有期契約であることが、外国人差別に当たるかという問題が争われた。**東京国際学園事件**では、従来の賃金体系より高額の賃金を提供し多数の外国人教員を雇用する目的で導入した契約であることからすれば、期間を定める部分が、憲法14条、労働基準法3条に違反して無効であるとはいえないと判断している。ただし、期間を1年と定める契約であっても、雇用関係の継続を期待することに合理性がある本件の場合の雇止めは解雇権の濫用に当たり、16名中14名の解雇は無効とされた[17]。**ジャパンタイムズ事件**でも、外国人の記者の期間の定めは、賃金の優遇などを理由に、差別に当たらないとした[18]。しかし、そもそも、日本人労働者と異なる処遇を設け、外国人労働者は、すべて非正規雇用や有期雇用契約とすること自体が、「国籍」による差別的取扱いとして違法といえよう[19]。少

---

16)　三菱樹脂事件・最大判1973（昭和48）年12月12日民集27巻11号1536頁。

17)　東京国際学園事件・東京地判2001（平成13）年3月15日労判818号55頁。

18)　ジャパンタイムズ事件・東京地判2005（平成17）年3月29日労判897号81頁。

19)　奥貫、前掲、56頁。

なくとも、在留期間の制約のない、永住者の場合は、パーマネントの契約が国民と同様に可能なはずである。

　一方、在留期間の定めのある外国人の場合は、労働契約における期間の認定にあたって、入管法上の在留期間との関係で問題が生じうる。判例の中には、在留期間を意識した判断をしているものがある。[20]かつてフィリップス・ジャパン事件では、4 回の更新後の雇止めが問題となった。裁判所は、雇用継続への合理的な期待があったとの主張を排斥する根拠の 1 つとして、在留期間が定められていることを挙げ、雇止めへの解雇権濫用法理の類推適用を認めなかった。[21]しかし、ユニスコープ事件では、入管手続上の雇用契約書の記載は、形式的なものにすぎないとみる余地があるとした。そして当該労働契約は、在留資格変更・在留期間更新が許可されない場合を解除条件とする期間の定めのない契約であったと認定した。[22]その後 2008 年に施行された労働契約法 19 条では、①「反復して更新」されている場合、②「更新されるものと期待することについて合理的な理由がある」場合、「客観的に合理的な理由を欠き、社会通念上相当であると認められないとき」は、雇止めを禁止している。また、同法 18 条では、同一の「有期労働契約」が「5 年」を超えることで「期間の定めのない労働契約」に転換するルールが定められている。

　他方、デーバー加工サービス事件では、外国人研修生・技能実習生の寮費（住居費と水道光熱費）について、同じ寮に住む日本人従業員よりも 3.3 倍ないし 2.3 倍高く徴収したことが、労働基準法 3 条に規定する均等待遇義務に反するとした。[23]また、使用者が原告らのパスポートや通

20)　早川、前掲、106 頁。

21)　フィリップス・ジャパン事件・大阪地決 1994（平成 6）年 8 月 23 日労判 668 号 42 頁。

22)　ユニスコープ事件・東京地判 1994（平成 6）年 3 月 11 日労判 666 号 61 頁。

23)　デーバー加工サービス事件・東京地判 2011（平成 23）年 12 月 6 日労判

帳を保管することにより失踪を防止することは不法行為に当たるとして慰謝料も認められている。そして研修期間中も工場のラインでの生産活動が「労務の提供」に当たる「労働者」としての実態に照らし、最低賃金と研修手当との差額を未払い賃金として支払うことも認められている。

　なお、**フルタフーズ事件**では、妊娠禁止規定により技能実習を打ち切り、即時帰国を求めることは、民法 90 条の公序良俗に反するとした。[24] 2021 年に政府は、婚姻、妊娠、出産等を理由として技能実習生を解雇その他不利益な取扱いをすること、および技能実習生の私生活の自由を不当に制限することは、男女雇用機会均等法 9 条および技能実習法 48 条に反する旨の注意喚起を発出している。[25]

　加えて、能力不足や秩序紊乱や経歴詐称などを理由とする解雇は、従来の判例法理であり、労働契約法 16 条に明文化された、解雇権濫用法理の制約を受ける問題がある。すなわち、「解雇は、客観的に合理的な理由を欠き、社会通念上相当であると認められない場合は、その権利を濫用したものとして、無効とする」。**ヒロセ電機事件**の原告は、インド人の父と日本人の母から生まれ、日本人の妻と結婚後に帰化により日本国籍を取得した。そこで、業務上必要な日英の語学力と品質管理能力を備えた即戦力として中途採用された。しかし、期待された英語や品質管理能力に問題があり、日本語の提出した文書も妻が書くなど、能力不足が明らかであるなどを理由に解雇された。この解雇は、労働契約法 16

　1044 号 21 頁。

　24)　**フルタフーズ事件**・富山地判 2013（平成 25）年 7 月 17 日 LEX/DB: 25501492.

　25)　出入国在留管理庁在留管理支援部在留管理課・厚生労働省海外人材育成担当参事官室・外国人技能実習機構「妊娠等を理由とする技能実習生の不利益取扱いの禁止の徹底及び妊娠等した技能実習生への対応について」（令和 3 年 2 月 16 日）。

条の濫用に当たらず、有効と判示されている[26]。他方、**三洋機械商事事件**において、原告の翻訳ミスで生じた二重払いをめぐる言い争いの中で原告が机に名詞入れを叩きつけ、暴言を吐くなどした行為は、懲戒事由に当たるとしても、社長の言動の曖昧さもあり、原告に一方的に非があるということはできないという。「中国人である原告の国民性等も勘案すると、通常の日本人のようにはっきりさせるべきことも曖昧にし、なあなあで済ます」ことは比較的期待できないので、解雇は、相当性を欠き、無効であると判示されている[27]。また、期間の定めのある労働契約については、民法 628 条に「やむを得ない事由」があれば、契約解除ができるとあり、2008 年に施行された労働契約法 17 条 1 項により、使用者は、「やむを得ない事由がある場合でなければ、その契約期間が満了するまでの間において、労働者を解雇することができない」と定めている。なお、**モーブッサンジャパン事件**において、フランス人の原告が履歴書にパリ政治学院と記載したことは、中退の経歴を詐称して、卒業と偽った事実を推認できないとして、解雇を無効としている[28]。

　さらに、「労働災害」において「不法就労者」が損害賠償を請求する場合の逸失利益の算定は、日本の基準によるか、出身国の基準によるか、という問題もある[29]。最高裁は、**改進社事件**において、いわば折衷的な立場をとった。一時的に日本に滞在する外国人については、「我が国での就労可能期間ないし滞在可能期間内は我が国での収入等を基礎とし、その後は想定される出国先（多くは母国）での収入等を基礎として逸失利益を算定する」。そして、「事実上はある程度の期間滞在している不法残

26)　ヒロセ電機事件・東京地判 2002（平成 14）年 10 月 22 日労判 838 号 15 頁。
27)　三洋機械商事事件・東京地判 1997（平成 9）年 3 月 25 日労判 716 号 82 頁。
28)　モーブッサンジャパン事件・東京地判 2003（平成 15）年 4 月 28 日労判 854 号 49 頁。
29)　早川、前掲、109 頁。

留外国人がいることを考慮しても、在留特別許可等によりその滞在および就労が合法的なものとなる具体的蓋然性が認められる場合はともかく、就労可能期間を長期にわたるものと認めることはできない」と判示した。そのうえで、本件では、3年間は日本における収入を、その後は来日前にパキスタンで得ていた収入を基礎として損害額を算定した。[30]

　実際の労働現場では、問題のある実務が少なくない。たとえば、在留期間を超過したオーバーステイのバングラデシュ人の男性の土木作業員のシンさん（36歳）が1カ月100時間以上の残業を続け、勤務中に心筋梗塞を起こした。しかし、会社が労働災害の手続に応じず、解雇を言い渡された。非正規滞在状態だったが、支援団体を通じて労働基準監督署（労基署）に申告した。労基署は、シンさんがノートに記していた出勤・帰宅時間を基に月100時間を超える残業があったと判断し、労働災害を認定している。[31]

3. 財産権

(1) 財産権の内容と制限

　財産権に関しては、自由主義の父と呼ばれるイギリスのロックのように「生命・自由・プロパティ」を人権の核心部分とみる立場もある。1789年のフランス人権宣言17条では、「所有は、神聖かつ不可侵の権利」と定めている。18世紀末の近代憲法においては、自由国家の理念のもと、財産権は、個人の不可侵の人権と理解されていた。

　しかし現代憲法では、福祉国家ないし社会国家の理念のもと、財産

---

30)　改進社事件・最判 1997（平成9）年1月28日判時 1598 号 78 頁。

31)　奥貫、前掲、54 頁。

権の制約が正当化される余地が大きくなる。1919 年のワイマール憲法
153 条 3 項が「所有権は義務を伴う。その行使は、同時に公共の福祉に
役立つべきである」と規定した。この影響を受けて、日本国憲法 29 条
1 項が「財産権は、これを侵してはならない」と定めつつも、同 2 項が
「財産権の内容は、公共の福祉に適合するように、法律でこれを定める」
とし、同 3 項が「私有財産は、正当な補償の下に、これを公共のため
に用いることができる」と規定している。

　一方、人権条約では、財産権に関しては、世界人権宣言 17 条が「財
産を所有する権利」と「恣意的に自己の財産を奪われることはない」旨
を定めていた。しかし、国際人権規約の制定時の議論では、財産権を市
民的権利とみるか、社会的経済的権利とみるかについて、意見が分かれ
た。結局、各国の考え方の違いから、社会権規約にも、自由権規約にも、
規定することが見送られた。ただし、人種差別撤廃条約 5 条(d)項(v)は、
「市民的権利」としての「財産を所有する権利」の平等を保障した。ま
た、女性差別撤廃条約 16 条 1 項(h)が、「財産を所有し、取得し、運用し、
管理し、利用し、処分することに関する配偶者双方の同一の権利」を定
めている。さらに、移住労働者権利条約 15 条が、「所有する財産を恣
意的に奪われることはない」、また「財産またはその一部が収用される
ときは、その者は公正で適切な補償を受ける権利を有する」と定めてい
る。したがって、恣意的な財産権の剝奪禁止と、収用に際して正当な補
償を受ける権利は、人権諸条約が保障しており、日本国憲法 29 条も同
様の保障をしているものと解される。[32]

(2) 外国人の財産権の制限

　財産権については、法律上、次の場合には制限されている。鉱業

---

32)　参照、近藤敦『人権法〔第 2 版〕』(日本評論社、2020 年) 285-288 頁。

法17条は、「日本国民又は日本国法人でなければ、鉱業権者となることができない。但し、条約に別段の定があるときは、この限りでない」と定めている。したがって、特別な条約がない限り、鉱業権者を日本国民と日本国法人に限定している。ただし、「日本国民又は日本国法人」についての定義は定められていない。つまり、実態は100%外国資本であったとしても、日本法人ならば、鉱業出願が可能となる。

　1925年に制定された「外国人土地法」は、現在も有効ではあるのだが、実際には、外国人土地法による権利制限はない。外国人土地法上、次の2つの場合については、制限が可能である。①相互主義に基づいて、日本人・日本法人に対して土地に関する権利を制限している国があれば、その国の国民・法人に対し「勅令[33)]」をもって、類似の制限を付すことができる（1条）。しかし、この1条に基づく勅令または政令は、現在に至るまで一度も発せられたことがない。②日本の国防上必要な地区については「勅令」をもって、外国人の土地に関する権利を制限することができる（4条）。ただし、この4条に基づく勅令としては、1926（大正15）年勅令334号の「外国人土地法施行令」があったが、同令は1945（昭和20）年勅令598号で廃止された。その他には、1949（昭和24）年政令51号の「外国人の財産取得に関する政令」の制定（後に廃止）、同年政令311号の「外国政府の不動産に関する権利の取得に関する政令」の制定がある。しかし、同令に基づき大蔵大臣（財務大臣）が指定する国から多くの国が除外されているため、同令が適用されることは実際にはほとんどないというのが実情であった。したがって、外国人の不動産取得に関して特段の制限はなかったといえる。

　しかしながら、「重要施設周辺及び国境離島等における土地等の利用状況の調査及び利用の規制等に関する法律」が、2021年に成立した。

---

33)　明治憲法下で、政令と同じ効力を持つ天皇の命令。

同法は外国人に適用を限定するものではないが、同法の運用によっては、政府の指定する地域における外国人の不動産取得の規制が可能となりうる。もともと、この法律は、防衛施設の周辺の土地を外国人や外国法人が買い占めることの懸念に端を発している。しかし、防衛施設の隣接地の 6 万筆のうち 7 筆だけが所有者の名前が外国人を類推させたり、住所が外国にあるとの防衛省の調査もあり、立法事実に欠けるとの指摘も国会ではあった。同法は政府の指定する地域の利用者等に報告や資料を求めたり、自治体の長などに関連情報を求めることができるが、プライバシー権、思想・良心の自由および外国人の財産権の侵害とならないように、運用基準を明確に定めることも望まれる。

◆ 参考文献

奥貫妃文「経済的権利」近藤敦編『外国人の人権へのアプローチ』（明石書店、2015 年）
〔外国人の職業選択の自由、労働権、財産権に関して概説されている。〕
鳥井一平『国家と移民 —— 外国人労働者と日本の未来』（集英社新書、2020 年）。
〔外国人労働者をめぐる人権問題の実態をわかりやすく解説している。〕
早川智津子『外国人労働者と法 —— 入管法政策と労働法政策』（信山社、2020 年）
〔入管法と労働法との関連に即して外国人労働者の権利状況が解説されている。〕

第**5**章 社会的権利

はじめに

　本章では、憲法学でいうところの社会権のうち、日本国憲法 25 条の生存権と、国際人権法学でいうところの社会的権利、とりわけ、社会権規約の 9 条の社会保障の権利、同 10 条の家族・母親・子どもの保護、同 11 条の十分な生活水準の権利、および同 12 条の健康権についてみることにしよう。あわせて、憲法 13 条および自由権規約 6 条の生命権についても検討する。

　憲法 25 条は、1 項と 2 項において人間が人間らしく生きるのに必要な諸条件の確保を国家に要求する権利としての**生存権**を定めている。1 項が定める「健康で文化的な最低限度の生活を営む権利」を保障すべく、生活が困窮している人に税金を財源とした国の**公的扶助**の制度が生活保護法により整備されている。また、2 項が、「国は、すべての生活部面について社会福祉、社会保障及び公衆衛生の向上及び増進に努めなければならない」と定めている。社会的に弱い立場にある人への公的な支援としての**社会福祉**の分野では、社会福祉法、特別児童扶養手当法などがある。社会保険や公的扶助を含む（狭義の）**社会保障**の分野では、国民健康保険法、国民年金法などがある。広く社会一般の健康増進をはかる

公衆衛生の分野では、地域保健法、学校保健安全法などがある。なお、日本では、一般に、広義の社会保障は、公的扶助、社会福祉、社会保険、公衆衛生の4つの柱を含む生活のセーフティネットを意味する。

　社会権規約9条は「社会保険その他の社会保障についてのすべての者の権利」を定める。ここでの社会保障という言葉は、各国の社会保障制度のあり方の違いを反映して多様に理解されうる。そこで、保険料を拠出する拠出制の「社会保険」も含むという用語が付加された。もちろん無拠出制で税金を財源とする生活保護のような「公的扶助」も含まれる。[1] 同10条は、社会の基礎的な単位である家族に与えられる保護（1項）、特に産前産後の母親のための保護（2項）、子どものための保護（3項）を定める。ここには「社会福祉」の要素も含まれている。同11条は、自己と家族のための十分な衣食住を内容とする生活水準についての権利（1項）に加え、すべての者が飢餓から免れる基本的な権利（2項）を保障する。同12条は健康権を保障する。1項は「すべての者が到達可能な最高水準の身体と精神の健康を享受する権利を有する」とある。2項は「公衆衛生」について定めている。[2]

　社会権規約は、一貫して「すべての者」の権利を認める。[3] 締約国は、「権利の完全な実現を漸進的に達成するため」措置を取る（2条1項）こととされ、すべての経済的社会的権利の完全な実現は一般的に短期間ではなしえないものと想定されている。しかし、「漸進的に達成する」とは、権利の実現を徐々に改善させ進歩させる方向で措置を取ることを意

---

1)　社会権規約委員会・一般的意見19（2007年11月23日）4段落によれば、拠出制・保険ベースの制度、無拠出制・普遍主義的制度、民間・自治体・互助会ベースの自助的な制度の3通りのものが含まれる。

2)　宮崎繁樹編『解説 国際人権規約』（日本評論社、1996年）60-61頁〔神尾真知子〕。

3)　ただし、発展途上国は、経済的権利をどの程度まで外国人に保障するかを決定できる（2条3項）。

味し、単なる努力義務とは異なる。したがって、その義務の履行状況は、国内的に、また社会権規約委員会による報告審査の場で継続的にチェックされなければならない。一定の権利を認め、その実現に向けて措置を取る義務を負った以上は、何ら措置を取らない不作為はこの義務に反する。また、権利の実現を意図的に後退させる措置を取ることも、規約の趣旨に反することとなる（後退禁止原則）。[4]

　日本が 1979 年に**社会権規約**を批准したことにより、公営住宅法、日本住宅公団法、住宅金融公庫法（現行の独立行政法人住宅金融支援機構法）、および地方住宅供給公社法の国籍要件が、解釈変更によって撤廃された。外国人の公営・公団住宅への入居が可能となり、住宅のための公的融資を受けることができるようになった。ついで、1981 年の**難民条約加入**以後、「社会保障」に関して、「自国民に与える待遇と同一の待遇」を難民に与える 24 条から、国民年金法、国民健康保険法（施行規則）、児童手当法、児童扶養手当法、特別児童扶養手当法の国籍条項が撤廃された。[5]新たに入国する難民に社会保障を認めることが、従来から居住している外国人への権利保障の拡充をもたらした。しかし、社会的権利の保障の未解決の問題が依然として残っている。

---

4)　申惠丰「社会的権利」近藤敦編『外国人の人権へのアプローチ』（明石書店、2015 年）61 頁。

5)　社会的権利の分野の諸法のうち、1922 年に制定された**健康保険法**、1947 年に制定された失業保険法（1974 年からは**雇用保険法**）、1954 年に制定された**厚生年金法**などの雇用関係を前提とした制度は、当初から、国籍に関係なく適用されてきた。1938 年に制定された（旧）**国民健康保険法**は、運用上、国民に限定されていたが、1986 年の施行規則改正により、国籍要件が削除された。

1. 年金・恩給等

　1959年に制定された**国民年金法**の被保険者は、日本国内に居住する20歳以上60歳未満の日本国民であった。財源は、保険料と国庫金の両方からなる。難民条約加入に伴い、同法は1981年に改正され**国籍条項**が削除された。しかし、1982年1月1日時点で20歳以上の外国人障害者は、障害年金に加入できなかった。また、35歳以上の人は、25年の保険料納付期間を満たせないため老齢年金の加入が認められなかった。1985年の法改正でカラ期間（納付していないので年金額には反映しない期間）が算入されることとなった際も、新法施行時に60歳以上の者（1926年4月1日以前に生まれた者）は再び除外された。このため、在日外国人の中には、無年金で困窮した生活を強いられている人が相当数存在する。1959年の制度発足時には、すでに老齢となっていた者、障害者となっていた者、生計維持者の死亡が生じていた者のために無拠出制の福祉年金が創設され、沖縄返還（1972年）・中国在留邦人の帰国（1994年）・北朝鮮拉致被害者の帰国（2002年）時などには、救済措置が講じられた。これに対し、元々日本国籍を有し、日本に永住している外国人への救済はなされなかった。

　外国人の生存権に関するリーディングケースである**塩見訴訟**の原告は、1934年に「帝国臣民」として生まれ、2歳のときに麻疹が原因で失明した。彼女は、1952年に法務府（現行の法務省）の通達により「外国人」とされた。その後1970年に帰化し日本国籍を取得する。しかし、1959年の廃疾認定日が法改正前であるため、旧法の国籍条項により障害福祉年金の受給資格を認められなかった。最高裁は、憲法25条の規定の趣旨を法律に具体化するにあたっては、国の財政事情を無視することができず、「立法府の広い裁量」に委ねられているという。社会保障上の施策において在留外国人をどのように処遇するかについては、国は、特別

の条約の存しない限り、自国民を在留外国人より優先的に扱うことも許され、憲法 14 条 1 項に反しない。社会権規約 9 条は「社会保障についてのすべての者の権利」を定めているが、同規約 2 条 1 項が「権利の完全な実現を漸進的に達成する」ことを求めていることからも、これは「政治的責任」の「宣明」であって、「個人に対し即時に具体的権利」を付与すべきことを定めたものではないと、判示した。[6]　その後も、外国人無年金障害者訴訟、[7]外国人無年金高齢者訴訟[8]は、訴えを退けられている。

　しかし、憲法 25 条の生存権は、プログラム規定ではなく、それが侵害される局面においては司法審査に服しうることが学説・判例で認められている。[9]社会権規約も、個人の権利を認め、その実現に向けて締約国に法的義務を課した条約であって、単なる政治的プログラムではない。明文で「権利」と認められている以上、権利の侵害の有無について司法が判断を下す余地は当然にある。また、社会的権利を保障する法律であっても、ひとたび「立法がなされた場合は、その立法はその内容において差別があってはならない」ことは自由権規約 26 条の差別禁止規定違反の問題となる。[10]さらに、社会権規約 2 条 2 項は、「この規約に規定する権利が人種、皮膚の色、性、言語、宗教、政治的意見その他の意見、国民的若しくは社会的出身、財産、出生又は他の地位によるいかなる差別もなしに行使されることを保障することを約束する」とあり、権利の「保障」を定めている。この規定は、自由権規約 2 条 1 項と同じ

---

6)　**塩見訴訟**・最判 1989（平成元）年 3 月 2 日判時 1363 号 68 頁。

7)　最判 1989（平成元）年 3 月 2 日判時 1363 号 68 頁、最判 2007（平成 19）年 12 月 25 日（判例集未登載）。

8)　最判 2009（平成 21）年 2 月 3 日（判例集未登載）、最判 2014（平成 26）年 2 月 6 日（判例集未登載）。

9)　戸波江二「憲法学における社会権の権利性」『国際人権』16 号（2005 年）70 頁。**朝日訴訟**・最大判 1967（昭和 42）年 5 月 24 日民集 21 巻 5 号 1043 頁。

10)　自由権規約委員会・一般的意見 18（1989 年 11 月 9 日）12 段落。

内容であり、即時的な効力としての裁判規範性を有するので、社会権規約2条2項違反・自由権規約2条1項違反の問題ともなる。

　自由権規約委員会は、たとえば、Ibrahima Gueye et al. v. France (1989) では、フランスが旧フランス軍兵士のセネガル在住のセネガル国民の年金を減額した国籍差別（1960年の「独立後に取得した国籍に関連する区別」）は、自由権規約26条 の禁ずる「他の地位」による差別に当たると判断している。しかし、日本では敗戦後、捕虜としてシベリアに抑留され、1953年に復員し、75歳で死去するまで日本に在留した**在日韓国人元日本兵の恩給訴訟**[11]では、最高裁は、塩見訴訟判決を援用し、在日韓国人の旧軍人等に措置を講じなくても、立法府の裁量の範囲を逸脱しておらず、憲法14条に違反しないという。日本の場合、1952年の平和条約の発効により「自己の意思に基づかない」理由により国籍を喪失した旧植民地出身者の戦争損害補償問題の本質は、朝鮮戸籍などの民族的出身、すなわち national origin（自由権規約26条では国民的出身、人種差別

---

11)　**在日韓国人元日本兵の恩給訴訟（李昌錫事件）**・最判2002（平成14）年7月18日判タ1104号147頁、同・京都地判1998（平成10）年3月27日訟月45巻7号1259頁、同・大阪高判2000（平成12）年2月23日訟月47巻7号1892頁。恩給は、公務員の公務による傷病や死亡に際し、1923年の恩給法に基づき支給されるが、国籍を失ったときは受給権を失う（9条3項）。軍人には一般に恩給法が適用され、戦傷病者戦没者遺族等援護法が、恩給法に該当しない軍人・軍属・準軍属（国家総動員法に基づく被徴用者など）の傷病や死亡に関し、障害者本人には障害年金を、遺族には遺族年金や弔慰金を支給するため1952年に制定されたが、戸籍法の適用を受けない者には適用しないと定めており（附則2項）、在日コリアン・台湾人を排除している。**台湾人元日本兵損失補償請求事件**・最判1992（平成4）年4月28日でも、訴えが退けられたが、1987年の「台湾住民である戦没者の遺族等に対する弔慰金に関する法律」および1988年の「特定弔慰金等の支給の実施に関する法律」により、台湾人の戦没者遺族および重度戦傷者に対して、1人200万円の弔慰金が支給された。また、コリアンについても、2000年の「平和条約国籍離脱者等である戦没者遺族等に対する弔慰金等の支給に関する法律」により、戦没者等の遺族に1人260万円、重度戦傷者に1人400万円の弔慰金が支給された。

撤廃条約 1 条では民族的出身と訳される）に基づく差別にある点にも留意すべきである。一方、2000 年代に入り、社会権規約 2 条 2 項について、既存の法律における差別を排除する側面においては**直接適用可能性**を認められるとする裁判例が日本でも現れている。無年金状態の在日韓国人らが提起した国家賠償請求訴訟で 1 審・2 審判決は、社会権規約 2 条、9 条についても、「社会保障を受ける権利自体は国の漸進的達成義務によるものであるから直ちに具体的な権利として認めることはできないが、すでに立法された場合には、社会保障を受ける権利において差別を禁止する同規約 2 条 2 項は、自由権規約 26 条と同趣旨にあるものとして、裁判規範性を認めることができる」という。しかし両判決とも、規約発効の約 2 年後に国籍条項が撤廃されたため違反はないとした上で、その後の法整備によっても原告らが救済されなかったことについて広範な立法裁量を認め、最高裁も上告を棄却した[12]。なぜ、過去にさかのぼって救済しないのかは必ずしも説得的ではなく、自国民優先主義という差別的な福祉国家観が背後にみてとれる。自治体によっては、無年金高齢者・無年金障害者に対し、一定の給付金を支給しているところもあるが、国民年金法の経過措置の抜本的な改正が望まれる。

　なお、年金加入が義務でありながら、外国人の年金未加入の問題が生じる背景には、出身国との年金通算協定が未整備の問題がある[13]。また、老齢基礎年金を受け取るには原則 25 年以上年金保険料を払う必要がありながら、脱退一時金が最長 3 年分しか支給されないという制度上の

---

12)　大阪地判 2005（平成 17）年 5 月 25 日判時 1898 号 75 頁、大阪高判 2006（平成 18）年 11 月 15 日 LEX/DB25450330、最判 2009（平成 21）年 2 月 3 日（判例集未登載）。

13)　2019 年 10 月 1 日現在、年金通算協定は、ドイツ、アメリカ、ベルギー、フランス、カナダ、オーストラリア、オランダ、チェコ、スペイン、アイルランド、ブラジル、スイス、ハンガリー、インド、ルクセンブルク、フィリピン、スロバキアとの間で結ばれている。

問題もあった。2016 年の国民年金法の改正により、2017 年 10 月からは、保険料納付期間は 10 年に短縮された。ついで 2020 年の同法の改正により、2021 年 4 月からは脱退一時金が最長 5 年分に拡充された。

2. 生活保護法の準用

　1946 年の旧生活保護法は、生活の保護を要する者の生活を国が差別なく平等に保護する目的を掲げ（1 条）、外国人にも適用されていた。これに対し、1950 年の現行の生活保護法は、外国人を適用から除外する意図をもって、[14] 生活に困窮するすべての「国民」に保護を行うと規定する（1 条）。しかし、「放置することが社会的人道的にみても妥当でなく他の救済の途が全くない場合に限り、当分の間、本法の規定を準用して保護して差支えない」とされた。[15] その後「当分の間、生活に困窮する外国人に対しては一般国民に対する生活保護の決定実施の取扱に準じて……保護を行う[16]」と準用する旨の行政解釈が示された。一方、1990 年からは、入管法別表第 2 に掲げられた者に限るという厚生省社会局保護課企画法令係長の口頭指示により、それ以外の外国人は法の準用対象から除外されることとなった。[17]

---

14)　高藤昭『外国人と社会保障法』（明石書店、2001 年）101-102 頁。

15)　厚生省社会局長通知「生活保護法における外国人の取扱に関する件」（昭和 25 年 6 月 18 日社乙発第 92 号）。

16)　厚生省社会局長通知「生活に困窮する外国人に対する生活保護の措置について」（昭和 29 年 5 月 8 日社発第 382 号）。

17)　手塚和彰『外国人と法〔第 3 版〕』（有斐閣、2005 年）324 頁。「生活保護問答集について」（2009 年 3 月 31 日厚生労働省社会・援護局保護課長事務連絡）によれば、永住者、日本人の配偶者等、永住者の配偶者等、定住者、特別永住者、認定難民が対象である。ただし、難民申請中の特定活動の在留資格でも保護の

　憲法学説では、「わが国に定住する在日韓国・朝鮮人および中国人については、その歴史的経緯およびわが国での生活の実態等を考慮すれば、むしろ、できる限り、日本国民と同じ扱いをすることが憲法の趣旨に合致する」との立場が通説的見解である。[18] 一方、判例は、たとえば、中国人永住者が生活保護申請を却下され、その取消訴訟等を提起した**永住者生活保護事件**において、最高裁は、次のようにいう。「外国人は、行政庁の通達等に基づく行政措置により事実上の保護の対象となり得るにとどまり、生活保護法に基づく保護の対象となるものではなく、同法に基づく受給権を有しない」と判示した。[19] しかし、本件の控訴審が認めるように、難民条約の加入時に法改正を見送ったのは、すでに通知により外国人も国民とほぼ同様の基準、手続により生活保護を受給する運用がなされていたからである。一定範囲の外国人の受給資格は、法的保護に値するとみるべきである。[20] また控訴審は、1990 年に、生活保護の対象となる外国人が別表第 2 記載の外国人（以下「永住的外国人」という）に限定された理由は、「本来最低生活保障と自立助長を趣旨とする生活保護が予定する対象者は自立可能な者でなければならず、この見地からは永住的外国人のみが生活保護の対象となる」という。[21] EU 諸国では、2003 年の「長期在住者たる第三国国民の地位に関する指令」[22] によって、EU 外の国の国民で合法的かつ継続的に 5 年以上居住している者に対して、

　　対象となる場合もある。移住者と連帯する全国ネットワーク編『外国人の医療・福祉・社会保障 相談ハンドブック』（明石書店、2019 年）82 頁。

18)　芦部信喜（高橋和之補訂）『憲法〔第 7 版〕』（岩波書店、2019 年）94 頁。

19)　**永住者生活保護事件**・最判 2014（平成 26）年 7 月 18 日判例地方自治 386 号 78 頁。

20)　福岡高判 2011（平成 23）年 11 月 15 日判タ 1377 号 104 頁。

21)　同上。

22)　Council Directive 2003/109/EC of 25 November 2003 concerning the status of third-country nationals who are long-term residents, OJ L.16/44 (2004).

長期在住者の資格²³⁾を認めることとされ、長期在住者は各国の国内法上の社会保障制度において国民と平等の待遇を受けることが保障されている。このことは、今日、社会保障における内外人平等は、出身国を問わない普遍主義的な**永住市民権**の問題として位置づけられていることを示すものである。社会連帯を基盤とする社会保障においては、形式的な国籍の有無ではなく、その社会の構成員といえるだけの継続的な定住性を持つかどうかが重要である。

3. 国民健康保険

　一般に、雇用されている者は、被用者保険としての健康保険・船員保険・共済保険に加入する。自営業者などの加入する国民健康保険（国保）は、市町村・特別区が、区域内に「住所を有する者」を被保険者として、疾病・負傷・出産・死亡の際に保険給付を行う。従来、行政解釈として、適用対象の外国人は在留期間が1年以上の者に限定され、1年未満の正規滞在予定の者や、非正規滞在者は加入できないことになっていた。2012年7月9日の改正住民基本台帳法の施行により、住民登録の対象となる3カ月を超える正規滞在外国人が国保加入対象となる。

　日本に非正規滞在中に家庭をもうけた外国人が、子どもの脳腫瘍を機に**在留特別許可**申請を行い、国保被保険者証の交付申請を行った。しかし、これを拒否されたので、国家賠償を求めた。最高裁は、「住所を有する者」とは「市町村の区域内に継続的に生活の本拠を有する者」をさし、国籍条項が削除されたことを考慮すると、国保法が「在留資格を有

---

23)　少なくとも5年有効で、その後は自動的に更新可能な一種の永住許可。
24)　1992年3月31日厚生省保険発第14号。

しないものを被保険者から一律に除外する趣旨を定めた規定であると解することはできない」と判示した。[25]生活の本拠としての住所の確定の問題は、在留資格の有無とは本来無関係である。同法には医療という人間の生命健康にかかわる人権保障の目的がある。[26]したがって、本判決の立場は妥当といえる。しかし、2004 年に最高裁は、国保「法施行規則……において、在留資格を有しない外国人を適用除外者として規定することが許される」と付言した。この付言を受ける形で、同年 6 月 8 日の国保法施行規則改正により、(1) 在留資格を有しない者又は在留期間 1 年未満を決定された者、(2) 外国人登録をしていない者は適用除外とされることになった。

4. 医療通訳

　日本語のコミュニケーションが十分にできない人の医療保障を考える上では、医療通訳制度が重要である。2020 年の「在留外国人に対する基礎調査」によれば、病院での言葉の問題への対応状況をみると、「日本語が理解できるので困らなかった」は 44.2% だが、「日本語のできる家族・親族・友人・知人を連れて行った」(31.7%)、「多言語翻訳機・ア

---

25)　最大判 2004（平成 16）年 1 月 15 日民集 58 巻 1 号 226 頁。しかし、在留資格を有しない外国人が「住所を有する者」に該当するというためには、単に市町村の区域内に居住しているという事実だけでは足りず、少なくとも (1) 当該市町村を居住地とする外国人登録をし、(2) 在留特別許可を求めており、(3) 入国の経緯や入国時の在留資格の有無、在留期間、家族に関する事情、滞在期間、生活状況等に照らし、安定した生活を継続的に営み、これを維持し続ける蓋然性が高いことが必要であるとした。

26)　小山千蔭「外国人の社会権」駒井洋監修・近藤敦編著『外国人の法的地位と人権擁護』（明石書店、2002 年）104 頁。

プリを利用した」（13.4%）、「多言語対応の病院に行った」（3.9%）、「医療通訳を依頼した」（2.3%）、「医療通訳以外の通訳を依頼した」（2.2%）とある。しかし、家族、友人、知人が通訳する場合、専門用語や倫理規範[27]についての知識が欠けて、不正確な通訳をする問題がある。また、家族の場合には、がんの告知など医療者が患者に伝える内容をあえて変更したり、知人が会社の同僚の場合には、会社の都合により、通訳内容を変更したりする問題もある。多言語対応の病院といっても、バイリンガルの職員の場合、通訳技術や倫理規範の知識に欠ける問題がある。したがって、専門の医療通訳を養成し、病院が雇用したり、自治体が派遣したりする制度が望まれる。一方、十分な医療通訳が整備されていない場合には、電話通訳や映像通訳に加えて、翻訳デバイスを用いる方法が普及しつつある。しかし、多言語翻訳機・アプリを使用して診療を行う場合、誤訳があっても、それを確認する術がないので、診療上のトラブルにつながるおそれもある。[28]

　スウェーデンでは、行政法8条が「官庁は、スウェーデン語に熟達していない者、または重度の聴覚か言語障害を持つ者と関係を持つとき、必要な場合は通訳人を依頼しなければならない」と定めている。また、アメリカでは、市民権法601節が言語サービスの根拠法であり、具体的には大統領令13166および保健福祉省公民権局の指針により、英語能力が十分でない患者は保健福祉省の補助金をもらっている医療機関において通訳や文書翻訳を要求できる。[29]日本では、医療通訳制度の整備は、

---

27)　倫理規範としては、正確性、機密性、中立性、専門性の維持・向上などがある。大野直子・野嶋ふさえ「医療通訳の共通基準 —— 国内外の比較を通じて」『通訳翻訳研究』14号（2014年）245-251頁、医療通訳の基準を検討する協議会「医療通訳共通基準」（2010年）5-6頁参照。

28)　厚生労働省・外国人患者の受入環境整備に関する研究「外国人患者受入れのための医療機関向けマニュアル（改訂第3.0版）」（2021年3月31日）57-59頁。

29)　石崎正幸・Patricia D. Borgman・西野かおる「米国における医療通訳とLEP

焦眉の課題である。司法の分野では、法廷や警察等の現場で公費により活動する「司法通訳」の制度が存在し、認証制度はないものの、一定の報酬の確保が望まれる。これに対し、医療通訳の分野では、報酬の確保も十分ではなく、ボランティア的な発想の制度設計が多い。司法通訳に関しては、刑事訴訟法 175 条が「国語に通じない者に陳述をさせる場合には、通訳人に通訳をさせなければならない」と定めているように、医療通訳に関する法規定が必要である。また、通訳認証制度の構築も必要である。

　そもそも、アメリカでは、1964 年の市民権法 601 節が「アメリカでは何人も、人種、肌色、または national origin を理由に、連邦の財政援助を受け取るプログラムや活動から排斥、拒否、差別の対象にされない」と定めている。言語も national origin の一部であり、national origin による差別禁止規定が、言語による差別を禁止し、先述の医療通訳保障を導く根拠となっている。日本が人種差別撤廃条約を批准してからは、同 1 条の定める national origin（国民的・民族的出自）による差別禁止は、日本国憲法 14 条 1 項の「人種」差別の禁止の内容を構成するようになってきた。こうした人権条約適合解釈から、憲法 14 条 1 項も、医療通訳保障を導く手がかりとなりうる。また、自由権規約 27 条が言語的少数者の「自己の言語を使用する権利」を保障しており、憲法 13 条も、同様の権利保障として、また、インフォームド・コンセントに関する医療上の「適正手続」保障として、医療通訳保障を導く根拠規定となり得よう。いわば、生存権を定める憲法 25 条と結びついた 13 条が、日本語のコミュニケーションが十分にできない人の「医療通訳を受ける権利」を保障する点に目を向けるべきである。

　患者」『通訳研究』4 号（2004 年）124 頁。

おわりに

　非正規滞在者が負傷したり病気になったりした場合の医療へのアクセスは、問題である。非正規滞在者の保健医療に関する行政サービスの概要を示すと、**表5-1**のようになる。

　非正規滞在者は、保険に入っていないため、医療機関を受診せず、市販薬に頼って病状を悪化させる人も少なくない。また、かつて、最高裁は、「不法残留者」が緊急治療を必要とする場合であっても、生活保護法の医療扶助の対象としないことは、憲法25条に反しないとした[30]。しかし、社会権規約12条の健康を享受する権利はすべての者が有しており、およそ生命にかかわる負傷や疾病に関しては自由権規約の生命権（6条）の観点からも、必要に応じて医療サービスを非正規滞在者も受けられる仕組みを整備すべきであろう[31]。憲法13条は「生命」の権利について、「最大の尊重」の必要を定めており、憲法「25条と結びついた13条」が、非正規滞在者も含むすべての人の「緊急医療を受ける権利」を保障していることに、今後は目を向ける必要がある。

　また、新型コロナウイルス感染対策として、公衆衛生の重要性が再認識されている。今後は、多言語対応、異文化対応のすそ野を広げ、すべての人が健康診断や予防接種を受けることができる体制づくりが必要である。また、収容は必要最小限の最終手段であるべきという基本を踏まえた制度設計が望まれる。

---

30)　最判2001（平成13）年9月25日判時1768号47頁。

31)　申、前掲、75-76頁。

表 5-1　非正規滞在者の保健医療に関する行政サービス

制 度	根拠法令等	適 用	解 説
母子健康手帳の交付その他の母子保健サービス*	母子保健法 16 条	居住の実態があれば適用	在留資格がなく、住民登録をしていない者が妊娠の届け出を行う場合は、居住地の市町村であり、母子手帳の発行も当該市町村が行う。
予防接種	予防接種法 5 条 1 項、同法施行令 1 条の 3	市町村長の判断による	在留資格がない場合でも、住民票、出入国在留管理局からの通知を基に実施主体である市町村の区域内に居住していることが明らかな場合。
結核の定期健康診断	感染症予防法 53 条の 2 第 3 項、同法施行令 12 条 2	市町村長の判断による	予防接種と同様、結核の発生とまん延を防止するためには、対象者の在留資格の有無の区別は理由がない。市町村に「居住する者」の判断は、実施者である市町村長が住民登録（その他の方法）により判断。
入院助産制度	児童福祉法 22 条	緊急時のみ適用	緊急に入院助産を受けさせる必要があると認められる場合には、住民登録の有無にかかわらず適用。
養育医療	母子保健法 20 条	必要により適用	出生時の体重が 2,000g 以下の未熟児であり、医師が入院養育を必要と認めた場合のみ在留資格の有無にかかわらず適用。
乳幼児の健康診断	母子保健法 12 条	適用	1 歳半から 2 歳、3 歳から 4 歳の間の健康診査は、在留資格の有無に関わらず、市町村が行う。
身体障害者・知的障害者への障害福祉サービスの提供等	身体障害者福祉法 18 条、知的障害者福祉法 15 条の 4、16 条	適用	身体障害者・知的障害者であって、やむを得ない事由により介護給付費等の支給を受けることが著しく困難であると認めるとき。
精神障害者の措置入院等	精神保健福祉法 27 条等	適用	医療および保護のために入院させなければその精神障害のために自身を傷つけまたは他人に害を及ぼすおそれがあると認めるとき。
自立支援(育成医療)	障害者総合支援法 58 条 1 項	必要により適用	障害児で、その身体障害を除去、軽減する手術等の治療によって確実に効果が期待できる者は、自立支援医療機関に医療受給者証を提示して当該自立支援医療を受けるものとする。ただし、緊急の場合その他やむを得ない事由のある場合については、この限りではない。
無料低額診療事業	社会福祉法 2 条 3 項 9 号	必要により適用	低所得者などの場合、在留資格のない外国人であっても、「無料低額診療事業」を行っている医療機関で受診すれば、医療費が無料または低額になる。

*保健指導、訪問指導、1 歳 6 カ月健康診断、3 歳児健康診断、妊産婦・乳幼児健康診断。
出典：北村広美「外国人の健康問題と社会保障」近藤敦編『多文化共生政策へのアプローチ』（明石書店、2011 年）85 頁、日本弁護士連合会「非正規滞在外国人に対する行政サービス」（2016 年）、総務省「入管法等の規定により本邦に在留することができる外国人以外の在留外国人に対して行政サービスを提供するための必要な記録の管理等に関する措置に係る各府省庁の取組状況について」（2018 年 8 月 10 日）をもとに作成。

◆ 参考文献
・・・

移住者と連帯する全国ネットワーク編『外国人の医療・福祉・社会保障 相談ハ
　ンドブック』（明石書店、2019 年）。
　〔日本における外国人の社会的権利の問題点を詳細に解説している。〕
申惠丰「社会的権利」近藤敦編『外国人の人権へのアプローチ』（明石書店、
　2015 年）。
　〔社会権規約などの人権条約の規定に即して、丁寧に解説されている。〕
田中宏『在日外国人 —— 法の壁、心の溝〔第 3 版〕』（岩波新書、2013 年）。
　〔戦争犠牲者援護立法の問題をはじめ、日本法における国籍差別の現状やその
　打破の取り組みについて、的確な指摘を行っている。〕

第**6**章 │ 文化的権利

はじめに ── 文化的権利と教育

　文化という用語は多義的であり、定義が困難である。したがって、文化的権利の定義も容易ではない。国際人権規範に手掛かりを求めると、ユネスコの文化的多様性に関する世界宣言前文には、次のようにある。「文化」とは、「特定の社会または社会集団に特有の、精神的、物質的、知的、感情的特徴をあわせたもの」であり、「芸術・文学だけではなく、生活様式、共生の方法、価値観、伝統および信仰も含む」とある。また、同宣言 5 条では、「創造性という面での多様性を開花させるためには、世界人権宣言 27 条および社会権規約 13 条・15 条に定義された文化的権利の完全実施が必要である」と定めている[1]。

　したがって、文化的権利とは、まず世界人権宣言 27 条における「自由に社会の文化生活に参加し、芸術を鑑賞し、科学の進歩とその恩恵と

---

1)　そこでは「教育」が、すべての者に対し、「諸国民の間および人種的、民族的または宗教的集団の間の理解、寛容および友好を促進すること」を可能にすること、「自己の信念に従って子どもの宗教的および道徳的教育を確保する自由」を定めている。

にあずかる権利」および「科学的・文学的・美術的作品から生ずる精神的および物質的利益を保護される権利」を含む。ついで、社会権規約15条1項の「文化的な生活に参加する権利」、「科学の進歩およびその利用による利益を享受する権利」および「自己の科学的・文学的・芸術的作品により生ずる精神的および物質的利益が保護されることを享受する権利」も含む。さらに、社会権規約13条の「教育に対する権利」も、文化的権利の要素である。

教育が社会的権利であるとともに、文化的権利の要素を持つことは、子どもの権利条約28条・29条の教育についての子どもの権利からもうかがえる。とりわけ同29条1項Cによれば、子どもの教育がめざすものは、子どもの「父母」、「文化的同一性・言語・価値観」、「居住国および出身国の国民的価値観」、「自己の文明と異なる文明」に対する尊重を育成することである。

また、子どもの権利条約30条は、民族的・宗教的・言語的少数者または先住民である子どもの「自己の文化を享有」し、「自己の宗教を信仰・実践」し、「自己の言語を使用する権利」を定めている。さらに、同31条は、子どもの「文化的な生活および芸術に自由に参加する権利」を定める。加えて、大人についても、自由権規約27条が、民族的・宗教的・言語的少数者の「自己の文化を享有」し、「自己の宗教を信仰・実践」し、「自己の言語を使用する権利」を定めている。移住労働者の権利条約31条は、「移住労働者とその家族の文化的独自性の尊重を確保する措置をとるとともに、出身国との文化的なつながりを維持することを妨げてはならない」と定めている[2]。

---

2) そのほか、移住労働者の権利条約43条1項(g)、45条1項(d)、多数の国際的な法的文書の無差別原則なども文化的権利を定めている。参照、稲木徹「文化的権利と保障と文化多様性」北村泰三・西海真樹編『文化多様性と国際法』（中央大学出版部、2017年）46-47頁。

　一方、日本国憲法は、文化的権利の明文規定を持たない。しかし、憲法 25 条が定める「健康で文化的な最低限度の生活を営む権利」のうちに、文化的権利の要素を導く見解がないわけではない。たとえば、民族的アイデンティティを発揮しようとするアイヌの人々にとって、「健康で文化的な生活」の中に、先住民族の権利保障を求める根拠を見出す学説もある。[3] ただし、ここでの「文化的」という意味は、起草過程での社会党案にあるように「文化的水準」の意味で用いられている。したがって、憲法 25 条は物質的な充足を中心とした生存権だけでなく、文化生活の面での生存権も定めていると解しうる。

　他方、自由権規約では、特に 27 条が、「民族的、宗教的または言語的少数者」の「自己の文化を享有」し、「自己の宗教を信仰・実践」し、「自己の言語を使用する権利」を定めているように、文化の多様性を前提に、民族的少数者の文化享有権を特に保障している。こうした、多様性とマイノリティの文化的権利保障の根拠規定は、日本国憲法では、「個人の尊重」を定めている憲法 13 条に求められることになる。そもそも憲法 13 条の幸福追求権は、憲法の明文規定のない人権を導く根拠規定となっている。

　そこで、人権条約に適合的な憲法解釈を行う上では、日本国憲法 26 条の教育を受ける権利は、13 条と結びついて多様性とマイノリティの個性の尊重に配慮した多文化共生教育を受ける権利を保障することが今後は求められている。

---

3)　江橋崇「先住民族の権利と日本国憲法」樋口陽一・野中俊彦編『憲法学の展望』（有斐閣、1991 年）485 頁。

1. 自己の文化を享有する権利

　自由権規約 27 条と同様の民族的少数者の「自己の文化を享有する権利」が憲法 13 条から導かれることは、アイヌ民族の土地所有権にかかわる北海道の**二風谷ダム事件**で明らかにされた。治水と利水を目的とするダム建設のため、先住民であるアイヌ民族の聖地を水没させること[4]は、コンクリートの体積が少なく「経済的コストが抑えられる」という立地条件の利益よりも、少数先住民族たるアイヌ民族の何物にも代え難い「自己の文化を享有する権利が奪われる」不利益の方が優越する。したがって、土地収用法 20 条 3 号において認定庁に与えられた裁量権を逸脱し、違法とされた。しかし、巨費を投じたダムが完成し湛水している現状にあって、行政事件訴訟法 31 条 1 項所定の事情判決[5]により、収用裁決を取り消すことはできない。アイヌ民族は、「多様性」を前提とし「個人を実質的に尊重」する「憲法 13 条により、その属する少数民族たるアイヌ民族固有の文化を享有する権利を保障されている」と、札幌地裁は判示している[6]。

　憲法 13 条とともに、自由権規約 27 条の民族的少数者の**文化享有権**は、

---

4)　サケ捕獲のための儀式をはじめ伝統的な生活様式を維持し、民族の歴史、伝説等に照らし、高度の文化的価値を有する地域。

5)　「取消訴訟については、処分又は裁決が違法ではあるが、これを取り消すことにより公の利益に著しい障害を生ずる場合において、原告の受ける損害の程度、その損害の賠償又は防止の程度及び方法その他一切の事情を考慮したうえ、処分又は裁決を取り消すことが公共の福祉に適合しないと認めるときは、裁判所は、請求を棄却することができる。この場合には、当該判決の主文において、処分又は裁決が違法であることを宣言しなければならない」。

6)　二風谷ダム事件・札幌地判 1997（平成 9）年 3 月 27 日判時 1598 号 33 頁。

国民だけが持つものではない[7]。社会権規約 15 条 1 項も、「文化的な生活に参加する権利」をすべての人に保障しており、とりわけ、先住民や移民などの文化的な少数者の権利の特別な保障が必要となる。文化の多様性の保障は、人間の尊厳の尊重と不可分の倫理的な要請である[8]。

2. 教育を受ける権利の裏返しとしての「教育を提供する義務」

日本国憲法 26 条 1 項は、「すべて国民は、法律の定めるところにより、その能力に応じて、ひとしく教育を受ける権利を有する」と定める。また、同 2 項が「すべて国民は、法律の定めるところにより、その保護する子女に普通教育を受けさせる義務を負う。義務教育は、これを無償とする」と規定している。

現在、多くの憲法の教科書は、外国人の教育を受ける権利の有無について、明示していない。おそらく、外国人も教育を受ける権利を有することは、性質上、当然であるとして、特に論じる必要を感じていないのであろう。例外的に、明示的に論じる場合は、「教育が経済生活の基盤をなす権利でありかつ精神生活形成の重要な機能を果たすという観点からすると、国籍によってこの権利を否定する根拠を見出すことはできない」と肯定説はいう[9]。他方、否定説によれば、「憲法 26 条の効力は、外国人には及ばない。ただし、日本国内に住む外国人の子どもが日本の小・中学校への入学を希望した場合、日本人と同じ条件で受け入れてい

---

7)　自由権規約委員会・一般的意見 23（1994 年 4 月 6 日）5 段落。

8)　社会権規約委員会・一般的意見 21（2009 年 12 月 21 日）34-37 段落、40 段落。

9)　渋谷秀樹『憲法〔第 3 版〕』（有斐閣、2017 年）121 頁、木下智史・只野雅人編『新・コンメンタール憲法〔第 2 版〕』（日本評論社、2019 年）304 頁〔倉田原志〕。

る」という[10]。これは政府の解釈と実務に依拠するものと思われる。文科省のHPにある「外国人の子どもの公立義務教育諸学校への受入について」では、「外国人の子どもには、我が国の義務教育への就学義務はないが、公立の義務教育諸学校へ就学を希望する場合には、国際人権規約等も踏まえ、日本人児童生徒と同様に無償で受入れ」る旨を掲げる[11]。ここでの「国際人権規約等」とは、社会権規約13条と子どもの権利条約28条をさす。社会権規約13条1項は、「教育についてのすべての者の権利」を認める。同2項が「初等教育は、義務的なものとし、すべての者に対して無償」とし、「中等教育」は、「無償教育の漸進的な導入により、……すべての者に対して機会が与えられる」とある。子どもの権利条約28条1項も、「教育についての子どもの権利」を認める。「初等教育を義務的なものとし、すべての者に対して無償」とし、「中等教育」は、「すべての子どもに対し、……無償教育の導入、必要な場合における財政的援助の提供のような適当な措置をとる」と定めている。したがって、人権条約が外国人の教育を受ける権利を保障しているので、本人が希望すれば、公立の義務教育の学校も無償で受け入れると政府は考えている。

　かつては、就学義務のない外国人の子どもの親には、「就学案内」を出し、義務教育への就学が可能なことをある種「恩恵」として伝えるだけであった。しかし、2003年に総務省の「外国人児童生徒等の教育に関する行政評価・監視結果に基づく通知」が出され、社会権規約を受けて外国人子女にも「公立の義務教育諸学校への受入れが保障されてい

---

10)　渡辺康行・宍戸常寿・松本和彦・工藤達朗『憲法Ⅰ ── 基本権』（日本評論社、2016年）386頁〔工藤達朗〕。

11)　文科省HP「外国人の子どもの公立義務教育諸学校への受入について」（https://www.mext.go.jp/b_menu/shingi/chousa/shotou/042/houkoku/08070301/009/005.htm、2021年4月30日閲覧）。

表 6-1　在留資格のない子の公立小中学校への受け入れ

	政令指定都市	東京 23 区	全体	割合
居住実態が確認できれば受け入れる	18	19	37	86%
居住実態があっても受け入れない	0	3	3	7%
事例なし	2	1	3	7%

出典：RAIK（在日韓国人問題研究所）『RAIK 通信』154 号（2016 年）21 頁。

る」ことを明らかにし、多言語の就学ガイドブックをつくるなど、積極的な受け入れに取り組むよう勧告した。2020 年に文科省は、日本人の子どもの親と同様に住民基本台帳の情報に基づき、学齢簿に準ずるものを作成し、外国人学校も含め就学状況を把握するとともに、就学案内に対して回答が得られない外国人の子どもについては、個別に保護者に連絡を取って就学を勧めるよう指針を示す。なお、2006 年および 2012 年に文科省は、就学手続時の居住地等の確認については、在留カードや特別永住者証明書等の提示がない場合であっても、一定の信頼が得られると判断できる書類により、居住地等の確認を行うなど、柔軟な対応を行うことも通知し、在留資格のない子どもの入学を認めることに配慮している。しかし、**表 6-1** のさいたま市議会が 2015 年に行ったアンケートによれば、在留資格などを理由に入学を認めない自治体が一部にあることなどを考慮すると、政府の通知ではなく、法律で明示することが望まれる。

　そもそも、憲法 26 条 2 項前段が「国民は……その保護する子女に普

---

12)　文科省「外国人の子供の就学促進及び就学状況の把握等に関する指針」（令和 2 年 7 月 1 日）。

13)　文科省初等中等教育局長「外国人児童生徒教育の充実について」（18 文科初第 368 号平成 18 年 6 月 22 日）、同「外国人の子どもの就学機会の確保に当たっての留意点について」（24 文科初第 388 号平成 24 年 7 月 5 日）。

通教育を受けさせる義務を負う」と定めていることから、外国人の就学義務について政府は消極的に考えてきた。日本が 1979 年に社会権規約を批准し、1994 年に子どもの権利条約を批准したため、2003 年の総務省の通知は、次のようにいう。社会権規約 13 条 1 項・2 項に基づき、「我が国に在留する学齢相当の外国人子女の保護者が当該子女の公立の義務教育諸学校への入学を希望する場合には、日本人子女と同様に無償の教育が受けられる機会を保障することが義務付けられた[14]」。ここには、教育が受けられる機会を保障する国の「義務」が明示されている点に注意する必要がある。従来、憲法 26 条 2 項が「国民」の「保護する子女に普通教育を受けさせる」義務を定めていることから、同 1 項の「教育を受ける」権利との対応関係を考える傾向がある。しかし、本来、個人の権利に対応するのは、国の義務である。同 1 項の教育を受ける権利を外国人の子どもにも認めるのであれば、外国人の子どもにも**教育を提供する義務**が国にあるはずである。**表 6-2** は、文科省が 2019 年に行った外国人の子どもの就学状況調査の結果である。明確に不就学とされているのは 630 人であるが、不就学の可能性があると考えられる外国人の子どもの数を単純合計すると（③＋⑤＋⑥）、1 万 9471 人となる[15]。小中学校の学齢相当の外国人の子どもは、住民基本台帳によれば、およそ 12 万 4000 人であり、そのうち、統計上は、2 万人近くが不就学の可能性があるとされた。実際には、出国しても住民登録されたままのデータが残っている可能性があるが、少なからぬ外国人の子どもが不就学となっている。2020 年の「在留外国人に対する基礎調査報告書」に

---

14) 総務省行政評価局「外国人児童生徒等の教育に関する行政評価・監視結果に基づく通知 —— 公立の義務教育諸学校への受入れ推進を中心として」（平成 15 年 8 月）。

15) さらに、国内転居の後に不就学状態になっている者も含まれている可能性がある④を加えると 2 万 2488 人にものぼる。

表 6-2　外国人の子どもの就学状況調査結果

区 分	就学者数		③不就学	④出国・転居（予定含む）	⑤就学状況確認できず	計（人）	⑥参考*
	①義務教育諸学校	②外国人学校等					
合 計	96,370	5,023	630	3,017	8,658	113,698	10,183
構成比	84.8%	4.4%	0.6%	2.7%	7.6%	100.0%	

*住民基本台帳上の人数との差
出典：文科省総合教育政策局男女共同参画共生社会学習・安全課「外国人の子供の就学状況等調査結果（確定値）」（令和 2 年 3 月）。

よれば、子どもが学校に通っていない理由は、「日本語が分からないから」（25.0%）、「いじめや差別が心配だから」（14.3%）、「母国の学校と生活や習慣が違うから」（14.3%）などとある。なかには、「日本の学校に外国人が通えることを知らなかったから」（7.1%）、「学校に入る手続が分からないから」（3.6%）というものから、「幼い弟や妹などの面倒を見る必要があるから」（3.6%）というものもある（217 頁）。2020 年の名古屋市の「外国人市民アンケート調査」では、就学していない子が学校に行かない理由は、「仕事・アルバイトをするから」（17.4%）、「本人が学校に行きたがらないから」（13.0%）、「日本語がわからないから」（8.7%）、「いじめや差別が心配だから」（8.7%）、「外国人学校が近くにないから」（8.7%）などであり、就学していない子が昼間にしていることは、「仕事・アルバイト」（30.4%）、「家で何もしていない」（30.4%）、「自分で勉強している」（21.7%）、「友だちと遊んでいる」（21.7%）、「兄弟姉妹の世話をしている」（17.4%）とある（93-94 頁）。

　不就学を放置することは、国の義務違反であり、憲法違反となることに目を向ける必要がある。そもそも、社会権規約委員会は、教育に対する権利に関する締約国の義務として、①尊重する義務（教育に対する権利の享受を妨げる措置をとらない義務）、②保護する義務（第三者が教育に対する権利の享受に干渉するのを防止するための措置を取る義務）、③充足する義務（教育の利用可能性・アクセス可能性・受容可能性・適合可能性を

提供する義務）があるという[16]。

　今後、日本では、①尊重する義務として、無差別のアクセス可能性に反して、高等学校等就学支援金制度から朝鮮学校を排除していることを見直すべきである[17]。②保護する義務として、憲法26条2項が保護者の普通教育を受けさせる義務を定め、それを受けて学校教育法144条がその義務違反に対して10万円以下の罰金を科している。今後は、フリースクール、外国人学校、インターナショナル・スクール、家庭教育などの多様な普通教育のメニューを義務教育の対象に加えた上で、憲法26条2項の「教育を受けさせる義務」を外国人の保護者にも認めるべきである。「教育を受けさせる義務」は、必ずしも「就学の義務」を意味するものではない。子どもに学校以外でも必要な義務教育を受けさせることを認めている国も少なくない[18]。③充足する義務として、国は、教育環境を整備して**利用可能性**を高め、（国籍や在留資格などの有無にかかわらない）無差別の**アクセス可能性**を実質的に保障すべきである。また、国は、生徒と両親にとって文化的に適切な教育方法による**受容可能性**を広げ、多様な文化的環境にある生徒のニーズに対応できる**適合可能性**にも配慮した教育を提供する義務があることに留意すべきである。

　また、子どもの権利条約28条1項により、国は「定期的な登校および中途退学率の減少を奨励するための措置をとる」義務がある。社会権規約委員会は、不就学等の比率を下げるために、母語教育の機会と多文化教育の専門教員の確保を勧告している[19]。今後は、子どもの権利条約

---

16)　社会権規約委員会・一般的意見13（1999年12月8日）6、46-50段落。

17)　社会権規約委員会・日本の第3回定期報告に関する総括所見（2013年5月17日）27-28段落。

18)　近藤敦「教育をめぐる権利と義務の再解釈 —— 多様な教育機会の確保に向けて」『名城法学』66巻1・2号（2016年）317-319頁。

19)　E/C.12/1/Add.97, CESCR, 7 June 2004.

29条1項の「自己の文化的アイデンティティ」と「言語」の尊重の規定が、学校における寛容の文化を促進し、バイリンガル教育や母語教育を要求するように、「多文化教育を受ける権利」を保障していることに目を向けるべきである。[20]

3. 外国人の教育に関する判例

　義務教育の対象である国民の子どもの場合、転校して別の中学校に移ることはあっても、公立の中学校を退学するということはない。しかし、外国人の子どもの場合は、公立の中学校を退学できるのかが、裁判で争われた。大阪地裁は、この**退学事件**において、退学届の受理の際、原告の意思確認を怠ったことだけを違法としながら、不登校による在日韓国人4世の公立中学生の母から退学届を受理すること自体は適法とし、次のように判示している。「憲法26条2項前段は、上記の親が子に対して負担するいわば自然法的な責務（親が子に対して負う責務）を具体化して、法律の定めるところにより、その保護する子女に普通教育を受けさせる義務（親が国に対して負う義務）を規定している。そして、上記憲法の規定に従って法律によって普通教育の内容を定めるに当たっては、言語（国語）の問題や歴史の問題を考えれば明らかなように、わが国の民族固有の教育内容を排除することができないのであるから、かかる学校教育の特色、国籍や民族の違いを無視して、わが国に在留する外国籍の子ども（の保護者）に対して、一律にわが国の民族固有の教育内容を含む教育を受けさせる義務を課して、わが国の教育を押しつけること

---

20)　John Tobin, *The UN Convention on the Rights of the Child: A Commentary* (OUP, 2019), pp.1704-1705.

ができないことは明らかである（このような義務を外国人に対して課せば、当該外国人がその属する民族固有の教育内容を含む教育を受ける権利を侵害することになりかねない）。したがって、憲法 26 条 2 項前段によって保護者に課せられた子女を就学させるべき義務は、その性質上、日本国民にのみ課せられたものというべきであって、外国籍の子どもの保護者に対して課せられた義務ということはできない」という[21]。ここでは、憲法 26 条 2 項の教育を受けさせる義務の主体は、「日本国民」である「保護者」であり、「外国籍の子どもの保護者」にはこの義務が課されていないとある。

　しかし、このような判決の論理は、説得的だろうか。「わが民族固有の教育内容」なるものが、日本に在留する外国籍の子ども自身が受けたいと願う「民族固有の教育内容」を侵害するような内容であるとすれば、それはその教育内容に問題があるのではないだろうか[22]。

　今日の教育は、多様な社会的・文化的背景を持った生徒のニーズに適合的な教育カリキュラムを配慮する必要がある。グローバル化の進展と外国人人口の増大により、国際理解教育と多文化共生教育のニーズが高まっている。この点、**高槻マイノリティ教育権訴訟**は、高槻市によって市立小中学校で実施されていた多文化共生・国際理解教育事業を市が廃止・縮小したことに関連して提起された事件である。この事業は在日外国人向けの事業であって、この事業の廃止・縮小が**マイノリティの教育権**を侵害したと主張された。主要な争点は、以下の通りである。①自由権規約 27 条は締約国に積極的な保護措置を講ずべき義務を認めているか。②社会権規約 13 条に基づき、高槻市が、多文化共生・国際理解教育事業を行う義務を負っているか。③子どもの権利条約 30 条が国家に

21)　**退学事件**・大阪地裁判 2008（平成 20）年 9 月 26 日判タ 1295 号 198 頁。

22)　佐藤潤一「文化的権利」近藤敦編『外国人の人権へのアプローチ』（明石書店、2015 年）87 頁。

積極的な作為を請求する権利を含むか。④人種差別撤廃条約2条2項によって、マイノリティに対する差別是正措置を取る法的義務が締約国に課されているか。⑤憲法26条はマイノリティとしての教育を受ける権利を保障しているか。大阪高裁は「控訴人らがマイノリティの教育権の根拠として主張するところは採用できず、ほかに我が国において法的拘束力がある条約及び法律でマイノリティの教育権という具体的権利として保障したものはない」とした上で、「控訴人らの主張には理由がない」と判示した[23]。本判決の問題点として、文言の形式的解釈が行われていること、人権に関する規定の抽象性を「具体的でない」の一言で否定してしまっていること、そして国際人権規約の一般的意見について「法的拘束力がないから裁判所は拘束されない」という論理で否定していて、当該条約の解釈として説得性があるか否かの検討に立ち入っていないことが挙げられる[24]。憲法98条2項に直接適用、自力執行についての定めがないので、自由権規約が自動執行力を持たないという判決の理解は、特に疑問である。一般に、自由権規約は、自動執行力を持つと解されている。

4. 多文化共生社会における課題

　最後に、国籍や民族などの異なる人々が、互いの文化的ちがいを認め合い、対等な関係を築こうとしながら、地域社会の構成員として共に生きていく「多文化共生社会」にあって、教育をめぐる権利義務関係の憲法解釈は、人権条約と整合的であることが望まれる。人権条約の理念を

---

23)　高槻マイノリティ教育権訴訟・大阪高判2008（平成20）年11月27日判時2044号86頁。

24)　佐藤、前掲、89頁。

尊重することは、日本国憲法前文に由来し、教育基本法 2 条 5 項後段が定める「他国を尊重し、国際社会の平和と発展に寄与する態度を養う」国際協調主義の理念とも合致する。人権条約適合的解釈からすれば、性質上、憲法 26 条 1 項・2 項の「国民」は、日本に在住する外国人も含む「すべての人」ないし「住民」と解すべきである。

2016 年の教育機会確保法[25] 3 条 4 号は「義務教育の段階における普通教育に相当する教育を十分に受けていない者の意思を十分に尊重しつつ、その年齢又は国籍その他の置かれている事情にかかわりなく、その能力に応じた教育を受ける機会が確保されるようにする」との基本理念を示している。夜間中学に通う多くの外国人が教育を受ける権利の権利主体であることをこの法律は認めている。また、同法 1 条は、子どもの権利条約等に限らず、「教育基本法」の「趣旨にのっとり」教育の機会を確保する同法の目的を定めている。「国民」を権利主体とする教育基本法が、国籍の有無による教育の別異の取扱いを許す従来の解釈を改め、性質上、国民は、「すべての人」ないし「住民」と解すべきである。従来、教育基本法 5 条の「国民は、その保護する子に、別に法律で定めるところにより、普通教育を受けさせる義務を負う」と定めているため、別に定めた法律としての学校教育法 16 条・17 条は、「保護者」に義務を定めるにすぎないものの、「国民の保護者」にのみ義務を課す規定と解してきた。しかし、そのような解釈は、憲法の趣旨、教育基本法の趣旨に反するとともに、教育の権利・義務の性質にも反することに今後は留意すべきである。

また、2019 年の日本語教育推進法 3 条 1 項は、「日本語教育の推進は、日本語教育を受けることを希望する外国人等に対し、その希望、置

---

25)　「義務教育の段階における普通教育に相当する教育の機会の確保等に関する法律」。

かれている状況及び能力に応じた日本語教育を受ける機会が最大限に確
保されるよう行われなければならない」と定めている。2020 年からの
コロナ禍では、対面での日本語教室を閉講する地域も多く出た。オン
ラインないしオンデマンドでの日本語講習のシステムづくりも課題で
ある。2020 年の「在留外国人に対する基礎調査報告書」によれば、日
本語の学習における困りごととして、「日本語教室・語学学校等の利
用・受講料金が高い」(23.3%)、「学んだ日本語を活かせる機会がない」
(17.1%)、「都合のよい時間帯に利用できる日本語教室・語学学校等がな
い」(15.6%) がみられた。こうした問題を解決するためには、無料のオ
ンデマンドで日本語を学習できるコンテンツの充実が望まれる。「やさ
しい日本語」を日本人の側も習う必要もある。スウェーデンのようにメ
ンターとのオンライン会話も有効であろう。また、(両親または一方の親
が外国人である) 子どもの日本語の学習支援について、「支援を受けたい
が、受けていない」が 9.3% となっている。とりわけ、日本語での会話
はほとんどできない親の場合に「支援を受けたいが、受けていない」が
20.1% と高い割合になっている (188-189 頁)。2020 年の文科省「外国
人の子供の就学状況等調査結果」では、日本語指導が必要な外国人児童
生徒等の受け入れに係る指導体制について、「整備していない」教育委
員会が 51.2% もある (30 頁)。とりわけ、外国人の集住していない地域
での日本語教育支援が放置されている状況にある。2019 年に文科省が
公表した「日本語指導が必要な児童生徒の受入状況等に関する調査(平
成 30 年度)」の結果によると、日本語指導が必要な高校生の中退率は
9.6% (全高校生 1.3%) と高く、大学・短大・専修学校・各種学校への
進学率は 42.2% (全高校生 71.1%) と低い。就職者における非正規就職
率も 40.0% (全高校生 4.3%)、進学も就職もしていない者の率も 18.2%
(全高校生 6.7%) と高い。日本語教師の養成と「日本語教育」の科目を
担当する教員免許の創設が望まれる。

　加えて、子どもの権利条約にある「子どもの最善の利益」の観点およ

び無差別条項の適用から、母語教育などの移民の子への特別な扱いは、正当化されると解されている[26]。スウェーデンでは、母語教室への参加は義務ではないが、同じ母語の生徒が 5 人以上希望し、適当な教師が見つかる限り、自治体は、母語教育を提供する義務がある。フィンランドでは、自治体の義務ではないが、自治体は、母語教育を提供する場合に、国からの補助を受け、4 人以上の生徒がいる場合に週に 2 時間の授業を行う。カナダは、課外授業として行う場合が多く、アメリカでは移民の母語に当たる言語の教育に国の助成金制度がある。また、これらの国では、公立のバイリンガル学校・学級もみられる。母語教育やバイリンガル教育は、帰国を前提とした子どもの場合の便宜に仕えるだけでなく、親とのコミュニケーションを促進し、自己のアイデンティティの形成に役立ち、他のカリキュラムのための学習言語の発達を助け、グローバル人材としての可能性を広げる。2017 年の「外国人住民調査報告書」によれば、子どもの教育に関する希望・心配について、「学校では日本語ばかり使い、母語・母国語が使えなくなっている／母語・母国語を学べる場がほしい」が 21.6% であった（54 頁）。2021 年の「在留外国人に対する基礎調査報告書」でも、子どもが通っている学校における親の困りごとについて、「子どもが母語を忘れてしまう」が 13.6% となっている（211 頁）。日本国憲法には、言語権の明文規定はない。しかし、自由権規約 27 条が定める「民族的、宗教的または言語的少数者」の「自己の言語を使用する権利」は、「自己の文化を享有」する権利と同様、憲法 13 条が保障していることに今後は目を向けるべきである。日本語教育推進法 3 条 7 項は「日本語教育の推進は、我が国に居住する幼児期及び学齢期……にある外国人等の家庭における教育等において使用され

---

26)　Jacqueline Bhabha, 2002, Children, Migration and International Norms. In T. Alexander Aleinikoff and Vincent Chetail (eds.), *Migration and International Legal Norms* (T.M.C. Asser Press, 2002), p. 210.

る言語の重要性に配慮して行われなければならない」と定めている。ここでの家庭言語は、母語を意味する。母語教育の重要性の配慮を法律が認めていることにも留意すべきである。2019年に文科省内に設置された「外国人の受入れ・共生のための教育推進検討チーム」の報告書では、「母語・母文化の学習機会を尊重し」、「異文化理解や多文化共生を意識した、持続可能な社会づくりの担い手を地域社会で育む」新たな施策が掲げられている。[27]

　さらに、宗教上の「合理的配慮」が必要である。アメリカでは、1964年の市民権法7編の解釈から職場における宗教上の合理的配慮が導かれ、1972年の法改正で明文化されたように、障害者差別の問題だけでなく、宗教差別の問題としても、合理的配慮が要求される。アメリカの憲法の影響を受けて、日本国憲法20条3項で「国及びその機関は、宗教教育その他いかなる宗教的活動をしてはならない」と定めるなど、政教分離原則を掲げている。教育基本法15条2項も「国及び地方公共団体が設置する学校は、特定の宗教のための宗教教育その他宗教的活動をしてはならない」と定めている。しかし、同1項で「宗教に関する寛容の態度」に加え、「宗教に関する一般的な教養」が、教育上尊重されなければならない旨を明記している。特定の宗教の教義を教え込むことは禁じられているが、むしろ特定の宗教の特徴を教養として学び、特定の宗教の定める禁忌に従う生徒の行動に対しても寛容な態度をとることは、奨励されている。これに対し、ヨーロッパ人権裁判所は、フランスにおいてイスラーム教徒の女生徒が公立の学校でスカーフをかぶることを禁止されても、通信教育での学業の継続も可能であり、比例原則

に反するものではないとしたことがある[28]。一方、ドイツでは、イスラーム教徒の生徒のスカーフ着用は認められるものの、公務員である教師の場合に禁止する州もあった。しかし、2015年にドイツ連邦憲法裁判所は、これを違憲とした[29]。合理的配慮について、日本では、生徒の服装については、学校ごとに校長の裁量で決まっており、中には、スカーフは認めるが、夏に長袖やアームカバーの着用を認めない学校もある。ムスリマの児童がラマダンの断食で昼食を食べない場合は、午後の授業を受けず帰宅することを命じた学校もある。これでは教育を受ける権利や信教の自由の侵害が問題となる。画一性を好み、特別扱いを嫌う日本の学校文化にあっては、過度な負担にならない限りは、宗教上の「合理的な配慮」を行うことが実質的な平等にかなうとする理解が十分ではない。もちろん、親の教育の自由は、親自身の利益のために行使するものではなく、子どもの最善の利益を促進するために行使するものである。したがって、スカーフをかぶるかどうかは、子どもの意思が尊重されるべきであることは言うまでもない。

　自由権規約18条4項と社会権規約13条3項と同様に、**憲法26条と結びついた13条が保障する親の教育の自由**は、子どもの人格の発展を尊重するために、親の教育を選択する自由を保障するものである[30]。したがって、子どもの成長に応じた自己決定権との整合性を内在的な制約として備えており、比例原則としての「公共の福祉に反しないかぎり[31]」、

28）　Dogru v. France (2008) ECHR 1579.

29）　BVerfGE 108, 282 (2003) は、当初、教育の中立性ゆえに合憲判決であったが、BVerfGE 138, 296 (2015) では、信仰と宗教観に基づく平等違反（3条3項1文、33条3項）とした。

30）　近藤、前掲、317-321頁。

31）　参照、近藤敦「比例原則の根拠と審査内容」岡田信弘・笹田栄司・長谷部恭男編『憲法の基底と憲法論 —— 思想・制度・運用』（信山社、2015年）819、834-835頁。

文字通り「個人として尊重される」「教育を受ける権利」が「立法その
他の国政の上で、最大限の尊重を必要とする」「自由」を確保する。憲
法 13 条の個人の尊重は、多様性の確保を命じており、往々にして画一
的・全体主義的な側面を持ちかねない憲法 26 条の教育を受ける権利と
相まって、真に普遍的な人間の権利としての多様な教育を受ける権利を
要請していることに、今後は目を向けるべきである。画一的な就学義務
ではなく、義務教育としての家庭教育も含むフリースクールや外国人学
校やバイリンガル学校など多様な教育の選択肢を提供することが、個人
の「教育を受ける権利」に対応した国の「教育を提供する義務」である。

◆ 参考文献

北村泰三・西海真樹編『文化多様性と国際法 —— 人権と開発を視点として』（中
　　央大学出版部、2017 年）。
　　〔文化的権利の保障と文化の多様性をめぐる問題を主として国際法の観点から
　　扱っている。〕
佐藤郡衛『多文化社会に生きる子どもの教育 —— 外国人の子ども、海外で学ぶ
　　子どもの現状と課題』（明石書店、2019 年）。
　　〔学校における多文化共生教育や人権教育について詳しい。〕
額賀美紗子・芝野淳一・三浦綾希子編『移民から教育を考える —— 子どもたち
　　をとりまくグローバル時代の課題』（ナカニシヤ出版、2019 年）。
　　〔日本における移民の子どもの教育について多角的に扱っている。〕

第7章 マクリーン判決を超えて

はじめに

　1978年のマクリーン事件判決（巻末資料①参照）では、次の3つの命題を示している。①「国際慣習法上、国家は外国人を受け入れる義務を負うものではなく、特別の条約がない限り、外国人を自国内に受け入れるかどうか、また、これを受け入れる場合にいかなる条件を付するかを、当該国家が自由に決定することができる」。すなわち、国際慣習法上、外国人の入国および在留の許否については、国家の自由な裁量により決定することができる（以下、第1命題と呼ぶ）。

　また、「憲法22条1項は、日本国内における居住・移転の自由を保障する旨を規定するにとどまり、外国人がわが国に入国することについてはなんら規定していない」と判示する。この点および①を前提として、②「憲法上、外国人は、わが国に入国する自由を保障されているものでないことはもちろん、……在留の権利ないし引き続き在留することを要求しうる権利を保障されているものでもない」という。すなわち、憲法上、外国人の入国の自由および在留の権利は、保障されない（以下、第2命題と呼ぶ）。

　さらに、「憲法第3章の諸規定による基本的人権の保障は、権利の性

質上日本国民のみをその対象としていると解されるものを除き、わが国に在留する外国人に対しても等しく及ぶものと解すべき」との「性質説」の立場を表明する。そのうえで、②を前提とし、③「外国人に対する憲法の基本的人権の保障は、……外国人在留制度のわく内で与えられているにすぎない」という。すなわち、**憲法の基本的人権は、外国人の場合、権利の性質上日本国民のみをその対象としていると解されるものを除き等しく及ぶが、入管法上の在留制度の枠内でしか保障されない**（以下、第3命題と呼ぶ）。

　外国人の人権に関するリーディング・ケースであるこの判例は、今日の判決においても、多くは無批判に踏襲され、外国人に対する憲法の人権保障を著しく弱めている。しかし、今日の裁判所が①②③の判決部分を援用することは、少なくとも3つの問題がある。

　第1に、①について、外国人の受け入れは「国家が自由に決定できる」という国家主権の原則だけが国際慣習法なのではない。今日、難民条約や人権諸条約の発展により、ノン・ルフールマン原則、家族結合、恣意的な収容禁止、差別禁止なども国際慣習法といわれる[1]。そもそも、**国際慣習法**とは、国際司法裁判所規程38条1項bに「法として認められた一般慣行の証拠としての国際慣習」と表現される。そこで、国際慣習法の成立には、「**一般慣行**」（客観的要件）と、その慣行が義務となっ

---

1)　Vincent Chetail, *International Migration Law* (OUP, 2019), pp.119-164. さらに、出国の自由、自国に入国する（または戻る）権利、領事保護へのアクセス、集団的追放の禁止なども移民法に関する国際慣習法といわれている。とりわけ、世界人権宣言13条が「自国に戻る権利」を定め、自由権規約12条4項が「自国に入国する権利」を定めていることもあって、「長期の在留期間、密接な個人的・家族的つながり、在留目的、その種のつながりが他のどこにもないことなどの考慮」のもとに「自国」とみなしうる特別永住者などの長期滞在外国人の入国の自由や在留権の保障にも留意すべきである。近藤敦「自国に入国する権利と在留権 —— 比例原則に反して退去強制されない権利」『名城法学』64巻4号（2015年）26-27頁参照。

ているとの「**法的信念**」（主観的要件）の 2 つを要する[2]。今日、国家数の増加とともに客観的要件の緩和がみられ、より認定が容易な国連総会の宣言決議などで主観的要件を認定する傾向にある[3]。

　第 2 に、②について、第 1 命題を前提に、憲法 22 条 1 項が「何人も、公共の福祉に反しない限り、居住・移転の自由を有する」と定めているのにかかわらず、憲法の不文の要件として「日本国内における」という制約を導き、「在留の権利」の保障を否定している。しかし、入国して居住する自由を保障していないとしても、すでに日本に居住している人の在留の権利が憲法の「居住の自由」とは無関係というのは、無理がある。また、憲法 13 条が「生命、自由及び幸福追求」の権利については、「公共の福祉に反しない限り、立法その他の国政の上で、最大の尊重を必要とする」と定めている。それにもかかわらず、外国人の居住の自由については、尊重を必要とせず、公共の福祉に反する行為をしたわけではなく、憲法で保障された表現の自由の範囲内の政治的意見の表明を、居住の自由の制約根拠とする解釈は、恣意的である。

　第 3 に、③について、憲法上、外国人の入国の自由および在留の権利は、保障されないという第 2 命題を前提にすると、なぜ「憲法の基本的人権の保障」が入管法上の「外国人在留制度のわく内」なのかがわからない。本来、在留制度は、居住の権利と労働の権利の制約条件を定めるだけで、原理的には他の基本的人権の制約根拠とはいえない。外国人の人権をめぐる憲法解釈は、「文言」ではなく、権利の「性質」で判断するとの立場を最高裁は表明した。しかし、性質の判断基準は、明らかでない。おそらく、諸外国の憲法実務や人権条約や国際慣習法から、権利の性質を導くものと思われる。第 3 命題の論理に従うと、在留資

2)　岩沢雄司『国際法』（東京大学出版会、2020 年）55-56 頁。
3)　森川俊孝・佐藤文夫編『新国際法講義〔改訂版〕』（北樹出版、2014 年）31 頁。

格も性質の判断基準となると想定されているのかもしれない。この第3命題の論理は、入管法を憲法よりも上位の規範とする。これでは、外国人に対する人種・性・信条などの差別に基づく入管行政であっても合憲となることを意味しかねない。マクリーン事件判決では、法務大臣の政治信条に反する「外国人の行為が合憲合法な場合でも、法務大臣がその行為を当不当の面から日本国にとって好ましいものとはいえないと評価」する信条差別を許す論理となっていないだろうか。憲法で保障された表現の自由の範囲内の政治的意見の表明が、在留期間更新のマイナス要素として考慮されるのであれば、法務大臣は憲法の基本的人権の保障を無視してもよいことになる[4]。

　本章は、伝統的な国家主権の原則に基づく入国・在留の自由に関する国の裁量が、今日、ノン・ルフールマン原則、家族結合原則、恣意的な収容禁止原則および差別禁止原則といった国際慣習法により制約されていることを確認しながら、とりわけマクリーン判決の第1命題の抜本的な見直しの必要性、および2021年の入管法等改正案の問題点を検討する。

1. ノン・ルフールマン原則

　まず、外国人の入国に関する国際慣習法の規範として、ノン・ルフールマン（追放・送還・引渡禁止）原則がある。迫害の危険や重大な人権侵害のある国へのノン・ルフールマン原則は、世界人権宣言や自由権規約には明文規定がない。しかし、明示のノン・ルフールマンの義務を課

　4）　泉徳治「マクリーン事件最高裁判決の枠組みの再考」『自由と正義』62巻2号（2011年）21頁。

す国連の条約として、以下の 3 つがある。

①難民条約 33 条 1 項：「締約国は、難民を、いかなる方法によっても、人種、宗教、国籍もしくは特定の社会的集団の構成員であることまたは政治的意見のために、その生命または自由が脅威にさらされるおそれのある領域の国境へ追放し、または送還してはならない」。

②拷問等禁止条約 3 条 1 項：「締約国は、いずれの者をも、その者に対する拷問が行われるおそれがあると信ずるに足りる実質的な根拠がある他の国へ追放し、送還し、または引き渡してはならない」。

③強制失踪条約 16 条：「締約国は、ある者が強制失踪の対象とされるおそれがあると信ずるに足りる実質的な理由がある他の国へ当該者を追放し、もしくは送還し、または当該者について犯罪人引渡しを行ってはならない」。

ついで、明文のノン・ルフールマン原則を定めていない人権条約においても、条約の履行状況を監督する以下の 3 つの条約機関が、不文のノン・ルフールマンの義務を条約解釈上、導いている。

第 1 に、自由権規約委員会は、「何人も、拷問または残虐な、非人道的なもしくは品位を傷つける取扱いもしくは刑罰を受けない」と定める自由権規約 7 条に関する一般的意見において、以下の見解を表明した。「締結国は個人を、犯罪人引渡、追放、または送還によって、他国に対する帰還の際における拷問または残虐な非人道的なもしくは品位を傷つける取扱い、または処罰の危険にさらしてはいけない[5]」。また、同 6 条の「生命」の権利からも、同委員会はノン・ルフールマンの義務を導く。すなわち、「同 6 条や 7 条に規定されているような回復しえない危害が及ぶ真のリスクがあると信じうる十分な証拠があるとき、その者を本国に送還したり、国外追放したり、もしくは領域から移転させてはならな

---

5)　自由権規約委員会・一般的意見 20（1992 年 4 月 3 日）9 段落。

い義務を必然的に伴う[6]」。

第2に、子どもの権利委員会は、「いかなる子どもも、拷問または他の残虐な、非人道的なもしくは品位を傷つける取扱いもしくは刑罰を受けない」と定める子どもの権利条約37条、または「すべての子どもが生命に対する固有の権利を有する」と定める同6条から、「国は、子どもに回復不可能な危害が及ぶ現実の危険性があると考えるに足る相当の理由がある国に子どもを帰還させてはならない」との見解を表明している[7]。

第3に、女性差別撤廃委員会は、MNN v. Denmark (2013) において、旅行ビザで入国し超過滞在者となったウガンダ国民の女性をデンマーク政府がウガンダに送還することには、女性性器切除の危険があることを認定しなかった。しかし、その種の事実が認定され、もしジェンダーに基づく深刻な暴力が起こることが予見可能な事情がある場合の送還は、女性差別撤廃条約違反となるとの見解を示している[8]。

こうした明文および不文のノン・ルフールマン原則の進展とともに、大多数の法学者は、ノン・ルフールマン原則を国際慣習法として認めるようになっている。その論拠は、以下の3点にある[9]。

(1)「一般慣行」は、大多数の国の実務からわかる。90%以上の国連加盟国が、明示のノン・ルフールマンの義務を定める条約を1つ以上締結している。さらに、これらの国で当該義務規定に留保を付しているのは（拷問等禁止条約3条を留保したパキスタン）1カ国だけであった。しかも、他の複数の国からの反対意見があり、この留保は、最終的には撤回されている。

---

6) 同・一般的意見31（2004年4月21日）12段落。
7) 子どもの権利委員会・一般的意見6（2005年9月1日）27段落。
8) CEDAW, MNN v. Denmark (2013), para. 8.10.
9) Chetail, *op. cit.*, pp.120-123.

　⑵「一般慣行」は、これらの条約を締結していない少数の国の実務からもわかる。どの国も、迫害やその他の重大な人権侵害の現実のおそれがある国に送還する無条件の権利を持つことを主張していない。逆に、ミャンマーやバングラデシュは、条約上の明示の義務がないにもかかわらず、ノン・ルフールマン原則を承認しており、送還先の国に迫害や重大な人権侵害のおそれがないことを根拠に送還を正当化している。

　⑶「法的信念」は、多くの公式文書その他の関連規定で繰り返し表明されている。たとえば、EU とその他の 13 カ国を代表して、ベルギーが「ノン・ルフールマン原則は、長く国際慣習法の一部であった」と表明している。同様の声明は、カナダ、スイス、UNHCR、アフリカ連合なども行っている[10]。また、デンマーク、バングラデシュ、ハンガリー、オーストリア、韓国、国連総会などは、関連する条約の批准の有無にかかわらず、「ノン・ルフールマン原則をすべての国の義務とする」見解を表明している[11]。

　以上のように、ほとんどの国が関連する諸条約を締結し、その諸条約を締結していない国も含む一般慣行が存在する。また、ノン・ルフールマン原則を国際慣習法と位置づける法的信念を示す多くの文書が存在する。したがって、今日、ノン・ルフールマン原則は、国際慣習法といえる。日本でも、難民条約上の難民に限らず、迫害の危険や重大な人権侵害のある国への送還は禁止すべきである。

10）　中米諸国、メキシコ、パナマが 1984 年に採択した Cartagena Declaration on Refugees (para. 5) は、ノン・ルフールマン原則を強行規範としている。

11）　Chetail, *op. cit.*, pp.122-123.

2. 家族結合原則

　人の国際移動のおよそ3分の1は、家族移民である。[12] 多くの条約にみられるように、家族生活を尊重する権利は、国家に対し、家族の保護の積極的義務と家族生活の権利への恣意的な干渉を禁ずる消極的な義務を課している。この2つの義務から、家族結合（家族再統合）の義務が生じる。[13] 自由権規約23条は、1項で家族の「保護」、2項で「家族を形成する権利」を定めているので、家族結合や家族再統合を確保する適当な措置をとることを国に義務づけている。[14] また、家族結合の拒否は、同17条の「家族」生活への「恣意的な干渉」と考えることができる。[15]

　家族結合に関する不文の義務だけでなく、明示の義務を定める文書も多い。移住労働者の権利条約44条1項は、締約国の「移住労働者の家族の同居の保護を確実にするために適切な措置をとる」義務を定める。また、同2項が「移住労働者」、「配偶者」、「法律の適用上婚姻に等しい扱いを受ける者」および「未成年で扶養を要する独身の子ども」との同居の再現を促進する適切な措置をとる義務を課す。さらに、同3項が「その他の家族」についても、人道上、2項と等しい措置をとるよう「好意的に配慮する」義務を規定する。

　子どもの権利条約9条1項は、児童虐待などの例外的な場合を除いて、

---

12)　2018年のOECD諸国における家族移民の割合は、35%である。OECD, *International Migration Outlook 2020* (OECD, 2020), p.25.

13)　厳密には、離れて暮らす家族が再び同居する family reunification（または family reunion）を家族再統合ないし家族呼び寄せと呼ぶのであるが、家族再統合も家族結合の1つの形態であるので、ここでは両者を一般に広く家族結合と表記し、両者を区別する場合にだけ、家族再統合と表記することにする。

14)　自由権規約委員会・一般的意見19（1990年6月24日）5段落。

15)　同・一般的意見15（1986年7月22日）5・7段落。

「子どもがその父母の意思に反してその父母から分離されないことを確保する」義務を定める。また、同10条1項が「家族の結合を目的とする子どもまたはその父母」による締約国への入国・出国について「締約国が積極的、人道的かつ迅速な方法で取り扱う」義務を課す[16]。2018年の国連移住グローバルコンパクトでも、「家族生活の権利」と「子どもの最善の利益」の実現を促進する適切な措置により、「あらゆる技能レベルの移民の家族結合の手続へのアクセスを容易にすること」を掲げている[17]。

　呼び寄せが可能な家族の範囲は、国内法によってさまざまである。多くの学説は、正規移民の核家族（未成年の子どもと配偶者を含む）の家族結合を容易にすることが国際慣習法であるという[18]。また、多様な学説の最小限の内容として、少なくとも家族生活の権利を行使する他の選択肢がどこにもない場合に、未成年の子とその外国に合法的に定住する家族との再統合の義務があるとする国際慣習法が存在するという[19]。フランスのコンセイユ・デタは、子どもと配偶者と共に家族結合する正規移民の

---

16)　日本政府は、批准に際し、9条1項は「出入国管理法に基づく退去強制の結果として児童が父母から分離される場合に適用されるものではない」、10条1項の規定する「家族の再統合を目的とする締約国への入国又は締約国からの出国の申請を『積極的、人道的かつ迅速な方法』で取り扱うとの義務はそのような申請の結果に影響を与えるものではない」と解釈宣言している。いずれも、子どもの最善の利益という人権よりも、入管行政の裁量の方を重視する立場である。「家族」に関する「幸福追求」の権利について、「立法その他の国政の上で、最大の尊重を必要」とする憲法「24条と結びついた13条」が保障する「子どもの最善の利益」違反として、速やかな解釈宣言の撤回が望まれる。

17)　UN General Assembly, Global Compact for Safe, Orderly and Regular Migration, para. 21(i).

18)　Chetail, *op. cit.*, p.126.

19)　Chetail, *op. cit.*, p.127.

家族生活の権利を憲法の前文や法の一般原則から導いている。[20] アメリカの連邦の地区裁判所は、アメリカが子どもの権利条約の締約国でないにもかかわらず、入管分野の国際慣習法として同条約 3 条の子どもの最善の利益を考慮しなければならないと判示している。[21] 日本でも、子どもの最善の利益を考慮して、家族結合が困難な形での退去強制は禁止すべきである。

3. 恣意的な収容禁止原則

恣意的な収容の禁止は、多くの条約に法典化されている十分な根拠のある国際慣習法である。[22] 自由権規約 9 条 1 項は「何人も、恣意的に逮捕され、または収容されない」と定めている。子どもの権利条約 37 条 (b)は「子ども」が「不法にまたは恣意的にその自由を奪われない」と規定する。移住労働者権利条約 16 条 4 項は「移住労働者とその家族」が「恣意的に逮捕または収容されることはなく、また、法律で定める理由および手続によらない限り、その自由を奪われない」と定める。国連総会は、当該条約の締約国であるか否かにかかわらず、すべての国に「非正規移民の過度の収容を避けるために、必要な収容期間を審査し、代替収容を採用すること」を繰り返し表明している。[23] 今日、**国連移住グローバルコンパクト**でも確認されているように、国家の収容に関する裁量は、主に 3 つの制約が課されている。

---

20)　Conseil d'Etat, GISTI, CFDT et CGT - Rec. Lebon (8 December 1978), p.493.

21)　Beharry v. Reno, 183 F. Supp. 2d 584 (E.D.N.Y., 2002), p.600.

22)　Chetail, *op. cit.*, p.133.

23)　たとえば、UNGA Res 63/184 (17 March 2009), para. 9; UNGA Res 70/147 (25 February 2016), para. 4(a).

　第 1 に、収容は法律に従ってなされなければならない。このことは、法の支配に内在する法的安定性の一般原理を反映し、すべての人権条約に定められている。非正規移民の収容が国内法の手続に従うだけでなく、国内法が十分にアクセス可能であり、すべての恣意の危険を避けるために明確でなければならない。

　第 2 に、恣意的な収容の禁止は、自由の剥奪には**合理性、必要性、比例性**が必要であると一般に理解されている。たとえば、収容の必要性は、逃亡のおそれや（パスポートを廃棄するなど）協力を欠くような場合をさし、こうした理由なしに収容することは恣意的となる[24]。無期限収容は、恣意的である[25]。長期の収容も比例性を欠き、恣意的である[26]。比例性の一般原理として、自由と安全の権利を侵害することなしに、入管政策の遵守という同じ目的を達成する上で、報告義務を課したり、保証人その他の条件を付したりする、より制限的でない収容に代替する手段がとれないかの検討が必要である[27]。

　第 3 に、収容の適法性に関する裁判を受ける権利は、確立した国際慣習法である[28]。裁判所の審査は、国内法上の適法性だけでなく、国際法にしたがって、収容の合理性、必要性、比例性を審査すべきである[29]。

　自由権規約委員会によれば、恣意的な収容の禁止など国際慣習法に相当する規定は、留保の対象とはならない[30]。また、収容に際しては、国際慣習法である拷問・非人道的な・品位を傷つける取扱いの禁止を守って、

24）　HRC, A v. Australia (1997), para. 9.4.

25）　Human Rights Council, A/HRC/7/4, para. 52.

26）　Chetail, *op. cit.*, p.135.

27）　HRC, C v. Australia (2002), para. 8.2.

28）　Human Rights Council, A/HRC/7/4, para. 67.

29）　Chetail, *op. cit.*, p.137.

30）　自由権規約委員会・一般的意見 24（1994 年 11 月 12 日）8 段落。

人間の尊厳を尊重する必要がある[31]。したがって、日本でも、退去強制令書による**無期限収容**を見直すべきである。また、「恣意的拘禁作業部会による意見書に対する日本政府の対応」において、「恣意的拘禁に当たらない」理由として「不法就労活動のおそれ」を例示しているが、在留資格のない者の在留活動禁止を収容目的とする「原則収容主義」の実務は、改めるべきである。

4. 差別禁止原則

　差別禁止は、国連憲章において唯一明示された人権である。したがって、すべての国を拘束する[32]。国連憲章1条3項では「人種、性、言語または宗教による差別なく、すべての者のために人権および基本的自由を尊重するように助長奨励する」とある。差別禁止は、ほとんどの人権条約に掲げられている。

　多くの法学者は、差別禁止原理は、国際慣習法に組み込まれていることを承認している。また、個人を差別する権利があると主張する国はない[33]。差別禁止は、別異の取扱いを一切禁じるものではないが、その区別は、合理的であり、客観的であり、正当な目的達成のために比例的である必要がある[34]。したがって、**マクリーン事件（巻末資料①参照）**のように、ベトナム戦争に反対する思想を表明すべく合法的なデモに参加し

31）　Chetail, *op. cit.*, p.137.

32）　Chetail, *op. cit.*, p.145.

33）　Chetail, *op. cit.*, p.148.

34）　自由権規約委員会・一般的意見18（1989年11月9日）13段落、社会権規約委員会・一般的意見20（2009年7月2日）13段落、人種差別撤廃委員会・一般的勧告30（2002年10月1日）4段落。

たことをもって、「日本国の利益を害する」として在留期間の更新を不許可にすることは、比例的でなく、信条差別に当たることを今後の入管行政では留意する必要があろう。

おわりに ── 入国・在留に関する国際慣習法の 5 つの原則と

2021 年入管法等改正案の問題点

　自由権規約委員会によれば、規約は、締約国の領域に入り、またはそこで居住する外国人の権利を認めていない。誰に自国への入国を認めるかを決定することは、原則としてその国の問題である。しかし、一定の状況において、たとえば、差別禁止、非人道的な取扱いの禁止、または家族生活の尊重の考慮が生じるときに、外国人は、入国または居住に関連する場合においてさえ規約の保護を享受することができる。[35]非人道的な取扱いの禁止は、ノン・ルフールマン原則の問題でもある。

　したがって、かつての国際慣習法として、マクリーン事件最高裁判決が前提とした、入国・在留に関する国家の無制約な自由裁量を認める国家主権の原則は、今日の国際慣習法では修正される必要がある。入国・在留に関する第 1 の国家主権の原則は、国際的な人権保障の発展に伴い、少なくとも第 2 から第 5 までの原則により制約される。第 2 のノン・ルフールマン原則により、迫害やその他の重大な人権侵害の現実のおそれがある国に送還することを禁じられる。また、第 3 の家族結合の原則により、少なくとも、家族生活の権利を行使する他の選択肢がどこにもない場合に、未成年の子とその外国に合法的に定住する家族との再統合の義務がある。第 4 の恣意的な収容禁止原則により、合理性、必要性、

---

35)　自由権規約委員会・一般的意見 15（1986 年 7 月 22 日）5 段落。

比例性を欠く収容は禁止される。第5の差別禁止原則により、人種、性、言語、宗教などを理由とする差別的な入国管理は禁止される。

　かくして、今日の国際慣習法は外国人の入国・在留について、「国家が自由に決定することができる」無制限の裁量があるのではない。そこで、修正第1命題は、「今日の国際慣習法上、外国人の入国・在留については、ノン・ルフールマン原則、家族結合、恣意的な収容禁止、差別禁止などに反しない限りで、国家が自由に決定することができる」となる。

　マクリーン事件最高裁判決の第1命題、すなわち国際慣習法上、外国人の入国および在留の許否については、国家の自由な裁量により決定することができるという前提が修正される必要がある以上、第2命題も修正される必要がある。そして憲法前文は、「全世界の国民」が「ひとしく恐怖……から免れ」る「権利」を有すると定め、憲法13条が「生命、自由及び幸福追求」の権利や、「個人の尊重」を保障している。したがって、生命、自由の迫害や、人間の尊厳に反する非人道的な・品位を傷つける取扱いのおそれがある国への送還禁止のために、「立法その他の国政の上で、最大の尊重を必要とする」ことを憲法13条は要請している。今後は、「居住・移転」の自由を定める**憲法22条1項と結びついた13条**が、ノン・ルフールマン原則を保障していることに目を向けるべきである。

　また、自由権規約12条4項の定める「**自国に入国する権利**」も、憲法22条1項と結びついた13条が保障する。そこで、修正第2命題は、「**憲法上、自国とみなしうる一定の長期滞在外国人の入国の自由および在留の権利は、保障される**」となる。第2章でみたように、「長期の在留期間、密接な個人的・家族的つながり、在留目的、その種のつながりが他のどこにもないことなどの考慮」が「自国」の認定基準として重要である。特別永住者などの長期の定住外国人は、日本への再入国の自由が認められるべきである。コロナ禍の入国規制の折にも、特別永住者の

再入国は認められたが、（PCR 検査の対応能力が乏しかった問題もあるものの）日本で生まれ育った一般永住者などにも「自国」を日本とみなすべき人はいる。

さらに、修正第 3 命題は、「国際慣習法ないし日本が批准している人権条約を指針として権利の性質を判断すべきであり、憲法の基本的人権は、在留資格の有無にかかわらず、保障されるものも少なくない」となる。とりわけ、恣意的な収容禁止は、在留資格のない外国人にとって、重要な憲法の基本的人権である。憲法 13 条が「生命、自由及び幸福追求」の権利や、「個人の尊重」を保障していることから、自由が奪われ、人間の尊厳に反する非人道的な・品位を傷つける取扱いを防止すべく、「立法その他の国政の上で、最大の尊重を必要とする」ことを憲法 13 条は要請している。今後は、「正当な理由がなければ、拘禁されず」と定める憲法 34 条と結びついた 13 条が、恣意的な収容禁止を保障していることに着目すべきである。

日本がはじめて人権条約を批准した 1979 年の国際人権規約批准の 1 年前である 1978 年のマクリーン事件最高裁判決は、国際的な人権保障の発展の歴史からみれば、いわゆるアンシャン・レジーム（旧体制）の時代の判決である。その後の人権条約の発展と国際慣習法の変化を踏まえた新たな憲法その他の国内法解釈が必要である。

廃案となった 2021 年の入管法等改正案[36]では、「退去強制手続を一層適切かつ実効的なものとするため」、①在留特別許可の申請手続の創設、②収容に代わる管理措置の創設、③難民申請者の送還停止効の見直し、④退去命令制度の創設、⑤補完的保護の規定整備などを目的としていた。それぞれについての人権条約上および憲法上の主な問題点を以下に指摘

---

36)　「出入国管理及び難民認定法及び日本国との平和条約に基づき日本の国籍を離脱した者等の出入国管理に関する特例法の一部を改正する法律案」。

しておこう。

　第1に、在留特別許可の申請手続の創設について、そもそも、入管法50条の在留特別許可は、退去強制に対する異議に理由がないとされた場合であっても、「永住許可」者、「かつて日本国民」であった者、「人身取引」の被害者、または「法務大臣が特別に在留を許可すべき事情があると認める」者に、正規の在留資格を付与する制度である。これまで、外国人の側から申請する手続規定がなかったので、申請手続を創設することはよい。しかし、判断基準や根拠となる人権規定が不明確である。改正案50条5項では、「法務大臣は、在留特別許可をするかどうかの判断に当たっては、当該外国人について、在留を希望する理由、家族関係、素行、本邦に入国することとなった経緯、本邦に在留している期間、その間の法的地位、退去強制の理由となった事実及び人道上の配慮の必要性を考慮するほか、内外の諸情勢及び本邦における不法滞在者に与える影響その他の事情を考慮するものとする」と考慮事項を定めるだけである。ここでは、2006年に改正された「在留特別許可に係るガイドライン」にみられる「子どもの最善の利益」や「家族結合」などの人権への配慮の視点が不足している。同ガイドラインでは、「特に考慮する積極要素」として、(1)「日本人の子又は特別永住者の子であること」、(2)「日本人又は特別永住者との間に出生した実子を扶養している場合で……子が未成年かつ未婚、……親権を現に有し、……監護及び養育していること」、(3)「日本人又は特別永住者と婚姻が法的に成立し……共同生活をし、相互に協力して扶助し……婚姻が安定かつ成熟していること」、(4)「本邦の初等・中等教育機関（母国語による教育を行っている教育機関を除く。）に在学し相当期間本邦に在住している実子と同居し、当該実子を監護及び養育していること」、(5)「難病等により本邦での治療を必要としていること」等を掲げている。(1)～(3)の背景には、自由権規約17条が「家族」への「恣意的な」干渉を禁止し、同23条が「家族」の「保護を受ける権利」・「家族を形成する権利」を定め、家族結合

の権利を保障していることがある。⑷の背景には、子どもの権利条約3条が「子どもの最善の利益」を保障し、自由権規約17条と23条が家族結合の権利を保障していることがある。⑸の背景には、自由権規約6条が「生命に対する権利」を、同7条が「非人道的な取扱い」等の禁止を保障していることがある。人権条約にかぎらず、憲法上も根拠規定がある。憲法「24条と結びついた13条」が、「家族」に関する「幸福追求」の権利の「最大の尊重」を定め、および憲法「22条と結びついた13条」が「居住、移転」において人道上「生命、自由及び幸福追求」の権利の「最大の尊重」を定めている。したがって、今後は、「日本人や永住者等との家族的なつながり」[37]、「日本で育った子どもとその家族」および「人道的配慮を必要とする者や長期滞在者[38]」を在留特別許可の明文規定に定め、根拠となる人権規定との関係を明らかにすることが望まれる。

　第2に、収容に代わる管理措置についても、改正案は、「主任審査官」という行政機関が収容か管理措置かを決定するままである。裁判所によ

---

37)　ガイドラインは、「その他の積極要素」として、⑴別表第2に掲げる在留資格で在留している者と婚姻が法的に成立している場合、⑵別表第2に掲げる在留資格で在留している実子を扶養している場合、⑶別表第2に掲げる在留資格で在留している者の扶養を受けている未成年・未婚の実子であることなどを掲げている。しかし、入管法別表第2に掲げる永住者、日本人の配偶者等、永住者の配偶者等、定住者の場合も、家族的なつながりは強く保障されるべきである。

38)　ガイドラインは、「その他の積極要素」として、⑷「その他人道的配慮を必要とするなど特別な事情があること」、⑸「本邦での滞在期間が長期間に及び、本邦への定着性が認められること」を掲げている。しかし、後述する補完的保護などの人道的配慮を必要とする場合も、出身国とのつながりが少ない長期滞在者の場合も、自由権規約7条の「非人道的な取扱い」等の禁止、同17条の「私生活」への「干渉」の禁止、同12条4項の「自国に入国する権利」が保障されており、憲法「22条と結びついた13条」が「居住、移転」における「生命、自由及び幸福追求」の権利の「最大の尊重」を定めていることから、強く保障されるべきである。

る収容の合理性・必要性・比例性の審査は不要とされ、無期限収容を可能としている。このことは、国連の自由権規約委員会や恣意的拘禁作業部会の指摘にあるように、自由権規約9条1項の禁ずる恣意的な収容に当たる[39]。憲法上も憲法「34条と結びついた13条」に反する恣意的な収容は許されず、無期限収容を命じる「正当な理由」は存在しない[40]。改正案52条の2では「逃亡」または「不法就労活動」をするおそれの程度その他の事情を考慮して収容に代わる管理措置の相当性を判断する旨を定めている。この点、「国連の恣意的拘禁作業部会による意見書に対する日本政府の対応」でも、収容の必要性について、「逃亡」、「証拠隠滅」だけでなく、「不法就労活動」をするおそれを考慮要素としていた[41]。しかし、自由権規約によれば「逃亡の個別的蓋然性、他者に対する犯罪の危険、または国家安全保障に反する行為の危険」といった個人特有の特別な理由がない場合は、恣意的な収容となる[42]。「不法就労活動」のおそれを収容の理由とすることは、不必要な収容を長期化させるだけである。収容の長期化を防止するためには、収容期間の上限を定め、収容の可否を裁判所が審査する制度を創設するべきである。また、管理措置の場合も、改正案44条の8第6号により、退去強制令書発付後は「報酬を受ける活動」が許可されず、生活支援も認められないのであれば、自由権規約7条および憲法「36条と結びついた13条」が保障する品位を傷つける取扱い禁止に当たる[43]。

---

39) 自由権規約委員会・一般的意見35（2014年12月16日）12・18段落、国連恣意的作業部会報告書（2020年9月25日）76・79・91・92・100段落。

40) 無期限収容による深刻な心理的害悪は、自由権規約7条にも反する。F. J. et al. v. Australia (CCPR/C/116/D/2233/2013), para.10.6.

41) 出入国在留管理庁（2021年3月30日）3(1)。

42) 自由権規約委員会・一般的意見35（2014年12月16日）18段落。

43) 近藤敦『人権法〔第2版〕』（日本評論社、2020年）109-111頁。

　第 3 に、難民申請者の送還停止効の見直しについて、改正案 61 条の 2 の 9 第 4 項第 1 号により、3 回以上の難民認定の申請に対しては原則として送還停止を認めない点は、難民条約 33 条 1 項・拷問等禁止条約 3 条・強制失踪条約 16 条のノン・ルフールマン原則に反するおそれがある。国連難民高等弁務官事務所（UNHCR）、移民の人権に関する特別報告者、恣意的拘禁作業部会、信教・信条の自由に関する特別報告者、および拷問・残虐な・非人道的な・品位を傷つける取扱い・刑罰に関する特別報告者は、改正案に対して、自動的な送還停止効の解除がルフールマンのおそれを高めるので懸念を表明している。[44] 憲法「22 条 1 項と結びついた 13 条」からもノン・ルフールマン原則は導かれ、その保障する庇護権は、上記の 3 つの条約の他に、自由権規約 6 条の「生命」に対する権利、同 7 条の「拷問」、「残虐な刑罰」、「非人道的な取扱い」、「品位を傷つける取扱い」を受けない権利などに対応した内容を保障している。[45] 難民審査や補完的保護の審査は、専門的知識をもった行政官や裁判官の養成が望まれる。

　第 4 に、退去命令制度について、改正案 55 条の 2 は、退去する意思がない者、または送還を妨害する者に対して、退去命令を主任審査官が発することを認めている。改正案 72 条 8 号により、この退去命令に従わない者は、1 年以上の懲役・禁錮もしくは 20 万円以下の罰金（またはこれを併科する）といった送還忌避罪の新設が提案されていた。しかし、

<hr>

44)　UNHCR「第 7 次出入国管理政策懇談会『収容・送還に関する専門部会』（専門部会）の提言に基づき 第 204 回国会（2021 年）に提出された 出入国管理及び難民認定法の一部を改正する法律案に関する UNHCR の見解」（2021 年 4 月 9 日）17 段落。移民の人権に関する特別報告者、恣意的拘禁作業部会、信教・信条の自由に関する特別報告者、および拷問・残虐な・非人道的な・品位を傷つける取扱い・刑罰に関する特別報告者のマンデイト（2021 年 3 月 31 日）19 段落。
45)　近藤敦「憲法と難民保護」『難民研究ジャーナル』10 号（2020 年）28-29 頁。

自由権規約委員会の自由権規約9条に関する一般的意見35では、入国管理において「いかなる必要な収容も、適切で、衛生的で、刑罰的でない施設で行われるべきであり、刑務所で行われるべきではない」という（18段落）。退去強制令書の発付を受けた者に退去命令を発し、これに従わない場合の刑事罰は、母国の事情や日本での家族状況により帰国できない人にとって、自由権規約9条の禁ずる恣意的な拘禁に当たったり、同23条の導く「家族結合の権利」や子どもの権利条約3条の「子どもの最善の利益」を侵害したりするおそれがある。同様に憲法「36条と結びついた13条」に反する恣意的な拘禁、憲法「24条と結びついた13条」が保障する家族結合や子どもの最善の利益を侵害することは、許されてはならない。

　第5に、改正案は、難民に準じて保護すべき「補完的保護対象者」に、法務大臣が「在留を特別に許可することができる」という内容である。しかし、ノン・ルフールマン原則からすれば、「することができる」という裁量の規定はそぐわず、「しなければならない」という規定がふさわしい。国際水準での運用を可能とするためにも、補完的保護対象者には、拷問等禁止条約3条、強制失踪条約16条、自由権規約6条および同7条の根拠規定を明示した上で、対象とすべきである。また、「居住、移転及び職業選択」において「生命、自由及び幸福追求」の権利の「最大の尊重」を定めている憲法「22条1項と結びついた13条」からも、補完的保護の要請は導かれる。したがって、従来の難民審査にみられた迫害の個別的把握や証拠の信憑性に関する日本特有の厳格な審査基準を適用することなく、出身国情報から出身国に送還することで「生命、自由」が危険にさらされるおそれがある場合に保護するとともに、就労が認められる必要がある。

　今後の入管法改正とその運用においては、出入国については国家の自由裁量とする伝統的な考え方を改め、人権条約上および憲法上の人権規定に配慮した規定づくりとその運用に努める必要がある。移民の人権の

保障に取り組むことは、「国際社会において、名誉ある地位を占めたいと思う」と定める憲法前文の趣旨にかなうものであり、人権条約に適合的な憲法解釈と法律解釈が、21 世紀の多文化共生時代においては求められている。

※本章については、最後の入管法等の改正案の問題点を除いては、『法律時報』93巻 7 号（2021 年）54-59 頁の内容とほぼ同じであるが、詳しい内容や英語の引用文献については、近藤敦「マクリーン事件判決の抜本的な見直し —— 入国・在留に関する国際慣習法の 5 つの原則」『名城法学』70 巻 4 号、1-22 頁を参照。

巻末資料（重要判例抄録）

（最大判 1978 年 10 月 4 日民集 32 巻 7 号 1223 頁）（抄）

（前略）

　憲法 22 条 1 項は、日本国内における居住・移転の自由を保障する旨を規定するにとどまり、外国人がわが国に入国することについてはなんら規定していないものであり、このことは、国際慣習法上、国家は外国人を受け入れる義務を負うものではなく、特別の条約がない限り、外国人を自国内に受け入れるかどうか、また、これを受け入れる場合にいかなる条件を付するかを、当該国家が自由に決定することができるものとされていることと、その考えを同じくするものと解される（最高裁昭和 29 年（あ）第 3594 号同 32 年 6 月 19 日大法廷判決・刑集 11 巻 6 号 1663 頁参照）。したがって、憲法上、外国人は、わが国に入国する自由を保障されているものでないことはもちろん、所論のように在留の権利ないし引き続き在留することを要求しうる権利を保障されているものでもないと解すべきである。そして、上述の憲法の趣旨を前提として、法律としての効力を有する出入国管理令は、外国人に対し、一定の期間を限り（4 条 1 項 1 号、2 号、14 号の場合を除く。）特定の資格によりわが国への上陸を許すこととしているものであるから、上陸を許された外国人は、その在留期間が経過した場合には当然わが国から退去しなければならない。もっとも、出入国管理令は、当該外国人が在留期間の延長を希望するときには在留期間の更新を申請することができることとしているが（21 条 1 項、2 項）、その申請に対しては法務大臣が「在留期間の更新を適当と認めるに足りる相当の理由があるときに限り」これを許可することができるものと定めている（同条 3 項）のであるから、出入国管理令上も在留外国人の在留期間の更新が権利として保障されているものでないことは、明らかである。

　右のように出入国管理令が原則として一定の期間を限って外国人のわが国への上陸及び在留を許しその期間の更新は法務大臣がこれを適当と認めるに足りる相当の理由があると判断した場合に限り許可することとして

いるのは、法務大臣に一定の期間ごとに当該外国人の在留中の状況、在留
の必要性・相当性等を審査して在留の許否を決定させようとする趣旨に出
たものであり、そして、在留期間の更新事由が概括的に規定されその判断
基準が特に定められていないのは、更新事由の有無の判断を法務大臣の裁
量に任せ、その裁量権の範囲を広汎なものとする趣旨からであると解され
る。すなわち、法務大臣は、在留期間の更新の許否を決するにあたっては、
外国人に対する出入国の管理及び在留の規制の目的である国内の治安と善
良の風俗の維持、保健・衛生の確保、労働市場の安定などの国益の保持の
見地に立って、申請者の申請事由の当否のみならず、当該外国人の在留中
の一切の行状、国内の政治・経済・社会等の諸事情、国際情勢、外交関係、
国際礼譲など諸般の事情をしんしゃくし、時宜に応じた的確な判断をしな
ければならないのであるが、このような判断は、事柄の性質上、出入国管
理行政の責任を負う法務大臣の裁量に任せるのでなければとうてい適切な
結果を期待することができないものと考えられる。このような点にかんが
みると、出入国管理令 21 条 3 項所定の「在留期間の更新を適当と認める
に足りる相当の理由」があるかどうかの判断における法務大臣の裁量権の
範囲が広汎なものとされているのは当然のことであって、所論のように上
陸拒否事由又は退去強制事由に準ずる事由に該当しない限り更新申請を不
許可にすることは許されないと解すべきものではない。
　……法が処分を行政庁の裁量に任せる趣旨、目的、範囲は各種の処分
によって一様ではなく、これに応じて裁量権の範囲をこえ又はその濫用が
あったものとして違法とされる場合もそれぞれ異なるものであり、各種の
処分ごとにこれを検討しなければならないが、これを出入国管理令 21 条
3 項に基づく法務大臣の「在留期間の更新を適当と認めるに足りる相当の
理由」があるかどうかの判断の場合についてみれば、右判断に関する前述
の法務大臣の裁量権の性質にかんがみ、その判断が全く事実の基礎を欠き
又は社会通念上著しく妥当性を欠くことが明らかである場合に限り、裁量
権の範囲をこえ又はその濫用があったものとして違法となるものというべ
きである。したがって、裁判所は、法務大臣の右判断についてそれが違法
となるかどうかを審理、判断するにあたっては、右判断が法務大臣の裁量

権の行使としてされたものであることを前提として、その判断の基礎とされた重要な事実に誤認があること等により右判断が全く事実の基礎を欠くかどうか、又は事実に対する評価が明白に合理性を欠くこと等により右判断が社会通念に照らし著しく妥当性を欠くことが明らかであるかどうかについて審理し、それが認められる場合に限り、右判断が裁量権の範囲をこえ又はその濫用があったものとして違法であるとすることができるものと解するのが、相当である。……

　……上告人の在留期間更新申請に対し被上告人が更新を適当と認めるに足りる相当な理由があるものとはいえないとしてこれを許可しなかったのは、上告人の在留期間中の無届転職と政治活動のゆえであったというのであり、原判決の趣旨に徴すると、なかでも政治活動が重視されたものと解される。

　思うに、憲法第3章の諸規定による基本的人権の保障は、権利の性質上日本国民のみをその対象としていると解されるものを除き、わが国に在留する外国人に対しても等しく及ぶものと解すべきであり、政治活動の自由についても、わが国の政治的意思決定又はその実施に影響を及ぼす活動等外国人の地位にかんがみこれを認めることが相当でないと解されるものを除き、その保障が及ぶものと解するのが、相当である。しかしながら、前述のように、外国人の在留の許否は国の裁量にゆだねられ、わが国に在留する外国人は、憲法上わが国に在留する権利ないし引き続き在留することを要求することができる権利を保障されているものではなく、ただ、出入国管理令上法務大臣がその裁量により更新を適当と認めるに足りる相当の理由があると判断する場合に限り在留期間の更新を受けることができる地位を与えられているにすぎないものであり、したがって、外国人に対する憲法の基本的人権の保障は、右のような外国人在留制度のわく内で与えられているにすぎないものと解するのが相当であって、在留の許否を決する国の裁量を拘束するまでの保障、すなわち、在留期間中の憲法の基本的人権の保障を受ける行為を在留期間の更新の際に消極的な事情としてしんしゃくされないことまでの保障が与えられているものと解することはできない。在留中の外国人の行為が合憲合法な場合でも、法務大臣がその行為

を当不当の面から日本国にとって好ましいものとはいえないと評価し、ま
た、右行為から将来当該外国人が日本国の利益を害する行為を行うおそれ
がある者であると推認することは、右行為が上記のような意味において憲
法の保障を受けるものであるからといってなんら妨げられるものではない。

　前述の上告人の在留期間中のいわゆる政治活動は、その行動の態様な
どからみて直ちに憲法の保障が及ばない政治活動であるとはいえない。し
かしながら、上告人の右活動のなかには、わが国の出入国管理政策に対す
る非難行動、あるいはアメリカ合衆国の極東政策ひいては日本国とアメリ
カ合衆国との間の相互協力及び安全保障条約に対する抗議行動のようにわ
が国の基本的な外交政策を非難し日米間の友好関係に影響を及ぼすおそれ
がないとはいえないものも含まれており、被上告人が、当時の内外の情勢
にかんがみ、上告人の右活動を日本国にとって好ましいものではないと評
価し、また、上告人の右活動から同人を将来日本国の利益を害する行為を
行うおそれがある者と認めて、在留期間の更新を適当と認めるに足りる相
当の理由があるものとはいえないと判断したとしても、その事実の評価が
明白に合理性を欠き、その判断が社会通念上著しく妥当性を欠くことが明
らかであるとはいえず、他に被上告人の判断につき裁量権の範囲をこえ又
はその濫用があったことをうかがわせるに足りる事情の存在が確定されて
いない本件においては、被上告人の本件処分を違法であると判断すること
はできないものといわなければならない。また、被上告人が前述の上告人
の政治活動をしんしゃくして在留期間の更新を適当と認めるに足りる相当
の理由があるものとはいえないとし本件処分をしたことによって、なんら
所論の違憲の問題は生じないというべきである。

　（後略）

（最判 1989 年 3 月 2 日判時 1363 号 68 頁）（抄）

（前略）

　憲法 25 条は、いわゆる福祉国家の理念に基づき、すべての国民が健康で文化的な最低限度の生活を営みうるよう国政を運営すべきこと（1 項）並びに社会的立法及び社会的施設の創造拡充に努力すべきこと（2 項）を国の責務として宣言したものであるが、同条 1 項は、国が個々の国民に対して具体的・現実的に右のような義務を有することを規定したものではなく、同条 2 項によって国の責務であるとされている社会的立法及び社会的施設の創造拡充により個々の国民の具体的・現実的な生活権が設定充実されてゆくものであると解すべきこと、そして、同条にいう「健康で文化的な最低限度の生活」なるものは、きわめて抽象的・相対的な概念であって、その具体的内容は、その時々における文化の発達の程度、経済的・社会的条件、一般的な国民生活の状況等との相関関係において判断決定されるべきものであるとともに、同条の規定の趣旨を現実の立法として具体化するに当たっては、国の財政事情を無視することができず、また、多方面にわたる複雑多様な考察とそれに基づいた政策的判断を必要とするから、同条の規定の趣旨にこたえて具体的にどのような立法措置を講ずるかの選択決定は、立法府の広い裁量にゆだねられており、それが著しく合理性を欠き明らかに裁量の逸脱・濫用と見ざるをえないような場合を除き、裁判所が審査判断するに適しない事柄であるというべきことは、当裁判所大法廷判決（昭和 23 年（れ）第 205 号同年 9 月 29 日判決・刑集 2 巻 10 号 1235 頁、昭和 51 年（行ツ）第 30 号同 57 年 7 月 7 日判決・民集 36 巻 7 号 1235 頁）の判示するところである。

　そこで、本件で問題とされている国籍条項が憲法 25 条の規定に違反するかどうかについて考えるに、国民年金制度は、憲法 25 条 2 項の規定の趣旨を実現するため、老齢、障害又は死亡によって国民生活の安定が損なわれることを国民の共同連帯によって防止することを目的とし、保険方式

により被保険者の拠出した保険料を基として年金給付を行うことを基本として創設されたものであるが、制度発足当時において既に老齢又は一定程度の障害の状態にある者、あるいは保険料を必要期間納付することができない見込みの者等、保険原則によるときは給付を受けられない者についても同制度の保障する利益を享受させることとし、経過的又は補完的な制度として、無拠出制の福祉年金を設けている。法81条1項の障害福祉年金も、制度発足時の経過的な救済措置の一環として設けられた全額国庫負担の無拠出制の年金であって、立法府は、その支給対象者の決定について、もともと広範な裁量権を有しているものというべきである。加うるに、社会保障上の施策において在留外国人をどのように処遇するかについては、国は、特別の条約の存しない限り、当該外国人の属する国との外交関係、変動する国際情勢、国内の政治・経済・社会的諸事情等に照らしながら、その政治的判断によりこれを決定することができるのであり、その限られた財源の下で福祉的給付を行うに当たり、自国民を在留外国人より優先的に扱うことも、許されるべきことと解される。したがって、法81条1項の障害福祉年金の支給対象者から在留外国人を除外することは、立法府の裁量の範囲に属する事柄と見るべきである。

また、経過的な性格を有する右障害福祉年金の給付に関し、廃疾の認定日である制度発足時の昭和34年11月1日において日本国民であることを要するものと定めることは、合理性を欠くものとはいえない。昭和34年11月1日より後に帰化により日本国籍を取得した者に対し法81条1項の障害福祉年金を支給するための措置として、右の者が昭和34年11月1日に遡り日本国民であったものとして扱うとか、あるいは国籍条項を削除した昭和56年法律第86号による国民年金法の改正の効果を遡及させるというような特別の救済措置を講ずるかどうかは、もとより立法府の裁量事項に属することである。

そうすると、国籍条項及び昭和34年11月1日より後に帰化によって日本国籍を取得した者に対し法81条1項の障害福祉年金の支給をしないことは、憲法25条の規定に違反するものではないというべく、以上は当裁判所大法廷判決（昭和51年（行ツ）第30号同57年7月7日判決・民

集 36 巻 7 号 1235 頁、昭和 50 年 (行ツ) 第 120 号同 53 年 10 月 4 日判決・民集 32 巻 7 号 1223 頁) の趣旨に徴して明らかというべきである。

　四　次に、国籍条項及び昭和 34 年 11 月 1 日より後に帰化によって日本国籍を取得した者に対し法 81 条 1 項の障害福祉年金の支給をしないことが、憲法 14 条 1 項の規定に違反するかどうかについて考えるに、憲法 14 条 1 項は法の下の平等の原則を定めているが、右規定は合理的理由のない差別を禁止する趣旨のものであって、各人に存する経済的、社会的その他種々の事実関係上の差異を理由としてその法的取扱いに区別を設けることは、その区別が合理性を有する限り、何ら右規定に違反するものではないのである (最高裁昭和 37 年 (あ) 第 927 号同 39 年 11 月 18 日大法廷判決・刑集 18 巻 9 号 579 頁、同昭和 37 年 (オ) 第 1472 号同 39 年 5 月 27 日大法廷判決・民集 18 巻 4 号 676 頁参照)。ところで、法 81 条 1 項の障害福祉年金の給付に関しては、廃疾の認定日に日本国籍がある者とそうでない者との間に区別が設けられているが、前示のとおり、右障害福祉年金の給付に関し、自国民を在留外国人に優先させることとして在留外国人を支給対象者から除くこと、また廃疾の認定日である制度発足時の昭和 34 年 11 月 1 日において日本国民であることを受給資格要件とすることは立法府の裁量の範囲に属する事柄というべきであるから、右取扱いの区別については、その合理性を否定することができず、これを憲法 14 条 1 項に違反するものということはできない。

　五　さらに、国籍条項が憲法 98 条 2 項に違反するかどうかについて判断する。

　所論の社会保障の最低基準に関する条約 (昭和 51 年条約第 4 号。いわゆる ILO 第 102 号条約) 68 条 1 の本文は「外国人居住者は、自国民居住者と同一の権利を有する。」と規定しているが、そのただし書は「専ら又は主として公の資金を財源とする給付又は給付の部分及び過渡的な制度については、外国人及び自国の領域外で生まれた自国民に関する特別な規則を国内の法令で定めることができる。」と規定しており、全額国庫負担の法 81 条 1 項の障害福祉年金に係る国籍条項が同条約に違反しないことは明らかである。また、経済的、社会的及び文化的権利に関する国際規約

（昭和54年条約第6号）9条は「この規約の締約国は、社会保険その他の社会保障についてのすべての者の権利を認める。」と規定しているが、これは締約国において、社会保障についての権利が国の社会政策により保護されるに値するものであることを確認し、右権利の実現に向けて積極的に社会保障政策を推進すべき政治的責任を負うことを宣明したものであって、個人に対し即時に具体的権利を付与すべきことを定めたものではない。このことは、同規約2条1が締約国において「立法措置その他のすべての適当な方法によりこの規約において認められる権利の完全な実現を漸進的に達成する」ことを求めていることからも明らかである。したがって、同規約は国籍条項を直ちに排斥する趣旨のものとはいえない。さらに、社会保障における内国民及び非内国民の均等待遇に関する条約（いわゆるILO第118号条約）は、わが国はいまだ批准しておらず、国際連合第3回総会の世界人権宣言、同第26回総会の精神薄弱者の権利宣言、同第30回総会の障害者の権利宣言及び国際連合経済社会理事会の1975年5月6日の障害防止及び障害者のリハビリテーションに関する決議は、国際連合ないしその機関の考え方を表明したものであって、加盟国に対して法的拘束力を有するものではない。以上のように、所論の条約、宣言等は、わが国に対して法的拘束力を有しないか、法的拘束力を有していても国籍条項を直ちに排斥する趣旨のものではないから、国籍条項がこれらに抵触することを前提とする憲法98条2項違反の主張は、その前提を欠くというべきである。

（後略）

③　指紋押捺事件

（最判1995年12月15日刑集49巻10号842頁）（抄）

（前略）

指紋は、指先の紋様であり、それ自体では個人の私生活や人格、思想、

信条、良心等個人の内心に関する情報となるものではないが、性質上万人不同性、終生不変性をもつので、採取された指紋の利用方法次第では個人の私生活あるいはプライバシーが侵害される危険性がある。このような意味で、指紋の押なつ制度は、国民の私生活上の自由と密接な関連をもつものと考えられる。

憲法 13 条は、国民の私生活上の自由が国家権力の行使に対して保護されるべきことを規定していると解されるので、個人の私生活上の自由の一つとして、何人もみだりに指紋の押なつを強制されない自由を有するものというべきであり、国家機関が正当な理由もなく指紋の押なつを強制することは、同条の趣旨に反して許されず、また、右の自由の保障は我が国に在留する外国人にも等しく及ぶと解される（最高裁昭和 40 年（あ）第 1187 号同 44 年 12 月 24 日大法廷判決・刑集 23 巻 12 号 1625 頁、最高裁昭和 50 年（行ツ）第 120 号同 53 年 10 月 4 日大法廷判決・民集 32 巻 7 号 1223 頁参照）。

しかしながら、右の自由も、国家権力の行使に対して無制限に保護されるものではなく、公共の福祉のため必要がある場合には相当の制限を受けることは、憲法 13 条に定められているところである。

そこで、外国人登録法が定める在留外国人についての指紋押なつ制度についてみると、同制度は、昭和 27 年に外国人登録法（同年法律第 125 号）が立法された際に、同法 1 条の「本邦に在留する外国人の登録を実施することによって外国人の居住関係及び身分関係を明確ならしめ、もって在留外国人の公正な管理に資する」という目的を達成するため、戸籍制度のない外国人の人物特定につき最も確実な制度として制定されたもので、その立法目的には十分な合理性があり、かつ、必要性も肯定できるものである。また、その具体的な制度内容については、立法後累次の改正があり、立法当初 2 年ごとの切替え時に必要とされていた押なつ義務が、その後 3 年ごと、5 年ごとと緩和され、昭和 62 年法律第 102 号によって原則として最初の 1 回のみとされ、また、昭和 33 年法律第 3 号によって在留期間 1 年未満の者の押なつ義務が免除されたほか、平成 4 年法律第 66 号によって永住者（出入国管理及び難民認定法別表第二上欄の永住者の在留資格を

もつ者）及び特別永住者（日本国との平和条約に基づき日本の国籍を離脱した者等の出入国管理に関する特例法に定める特別永住者）につき押なつ制度が廃止されるなど社会の状況変化に応じた改正が行われているが、本件当時の制度内容は、押なつ義務が3年に1度で、押なつ対象指紋も一指のみであり、加えて、その強制も罰則による間接強制にとどまるものであって、精神的、肉体的に過度の苦痛を伴うものとまではいえず、方法としても、一般的に許容される限度を超えない相当なものであったと認められる。

　右のような指紋押なつ制度を定めた外国人登録法14条1項、18条1項8号が憲法13条に違反するものでないことは、当裁判所の判例（前記最高裁昭和44年12月24日大法廷判決、最高裁昭和29年（あ）第2777号同31年12月26日大法廷判決・刑集10巻12号1769頁）の趣旨に徴し明らかであり、所論は理由がない。

　（後略）

④　定住外国人地方選挙権訴訟

（最判 1995 年 2 月 28 日民集 49 巻 2 号 639 頁）（抄）

（前略）

　憲法第3章の諸規定による基本的人権の保障は、権利の性質上日本国民のみをその対象としていると解されるものを除き、我が国に在留する外国人に対しても等しく及ぶものである。そこで、憲法15条1項にいう公務員を選定罷免する権利の保障が我が国に在留する外国人に対しても及ぶものと解すべきか否かについて考えると、憲法の右規定は、国民主権の原理に基づき、公務員の終局的任免権が国民に存することを表明したものにほかならないところ、主権が「日本国民」に存するものとする憲法前文及び1条の規定に照らせば、憲法の国民主権の原理における国民とは、日本国民すなわち我が国の国籍を有する者を意味することは明らかである。

そうとすれば、公務員を選定罷免する権利を保障した憲法15条1項の規定は、権利の性質上日本国民のみをその対象とし、右規定による権利の保障は、我が国に在留する外国人には及ばないものと解するのが相当である。そして、地方自治について定める憲法第8章は、93条2項において、地方公共団体の長、その議会の議員及び法律の定めるその他の吏員は、その地方公共団体の住民が直接これを選挙するものと規定しているのであるが、前記の国民主権の原理及びこれに基づく憲法15条1項の規定の趣旨に鑑み、地方公共団体が我が国の統治機構の不可欠の要素を成すものであることをも併せ考えると、憲法93条2項にいう「住民」とは、地方公共団体の区域内に住所を有する日本国民を意味するものと解するのが相当であり、右規定は、我が国に在留する外国人に対して、地方公共団体の長、その議会の議員等の選挙の権利を保障したものということはできない。以上のように解すべきことは、当裁判所大法廷判決（最高裁昭和35年（オ）第579号同年12月14日判決・民集14巻14号3037頁、最高裁昭和50年（行ツ）第120号同53年10月4日判決・民集32巻7号1223頁）の趣旨に徴して明らかである。

このように、憲法93条2項は、我が国に在留する外国人に対して地方公共団体における選挙の権利を保障したものとはいえないが、憲法第8章の地方自治に関する規定は、民主主義社会における地方自治の重要性に鑑み、住民の日常生活に密接な関連を有する公共的事務は、その地方の住民の意思に基づきその区域の地方公共団体が処理するという政治形態を憲法上の制度として保障しようとする趣旨に出たものと解されるから、我が国に在留する外国人のうちでも永住者等であってその居住する区域の地方公共団体と特段に緊密な関係を持つに至ったと認められるものについて、その意思を日常生活に密接な関連を有する地方公共団体の公共的事務の処理に反映させるべく、法律をもって、地方公共団体の長、その議会の議員等に対する選挙権を付与する措置を講ずることは、憲法上禁止されているものではないと解するのが相当である。しかしながら、右のような措置を講ずるか否かは、専ら国の立法政策にかかわる事柄であって、このような措置を講じないからといって違憲の問題を生ずるものではない。以上のよう

に解すべきことは、当裁判所大法廷判決（前掲昭和 35 年 12 月 14 日判決、最高裁昭和 37 年（あ）第 900 号同 38 年 3 月 27 日判決・刑集 17 巻 2 号 121 頁、最高裁昭和 49 年（行ツ）第 75 号同 51 年 4 月 14 日判決・民集 30 巻 3 号 223 頁、最高裁昭和 54 年（行ツ）第 65 号同 58 年 4 月 27 日判決・民集 37 巻 3 号 345 頁）の趣旨に徴して明らかである。

　以上検討したところによれば、地方公共団体の長及びその議会の議員の選挙の権利を日本国民たる住民に限るものとした地方自治法 11 条、18 条、公職選挙法 9 条 2 項の各規定が憲法 15 条 1 項、93 条 2 項に違反するものということはできず、その他本件各決定を維持すべきものとした原審の判断に憲法の右各規定の解釈の誤りがあるということもできない。

　（後略）

⑤　崔善愛（再入国不許可処分取消等請求）事件

（最判 1998 年 10 年 4 月 10 日民集 52 巻 3 号 677 頁）（抄）

　（前略）

　我が国に在留する外国人は、憲法上、外国へ一時旅行する自由を保障されているものでないことは、当裁判所大法廷判決（最高裁昭和 29 年・第 3594 号同 32 年 6 月 199 日判決・刑集 11 巻 6 号 1663 頁、最高裁昭和 50 年（行ツ）第 120 号同 53 年 10 月 4 日判決・民集 32 巻 7 号 1223 頁）の趣旨に徴して明らかである（最高裁平成元年（行ツ）第 2 号同 4 年 11 月 16 日第 1 小法廷判決・裁判集民事 166 号 575 頁参照）。右と同旨の原審の判断は、正当として是認することができ、論旨は採用することができない。

　……出入国管理特別法 1 条の規定に基づき本邦で永住することを許可されている大韓民国国民については、日韓地位協定 3 条、出入国管理特別法 6 条 1 項所定の事由に該当する場合に限って、出入国管理及び難民認定法 24 条の規定による退去強制をすることができるものとされていることに加えて、日韓地位協定 4 条 (a) の規定により、日本国政府は我が国

における教育、生活保護及び国民健康保険に関する事項について妥当な考慮を払うものとされ、右規定の趣旨に沿って行政運用上日本国民と同等の取扱いがされているのであって、このような協定永住資格を有する者による再入国の許可申請に対する法務大臣の許否の判断に当たっては、その者の本邦における生活の安定という観点をもしんしゃくすべきである。しかるところ、本件不許可処分がされた結果、上告人は、協定永住資格を保持したまま留学を目的として米国へ渡航することが不可能となり、協定永住資格を保持するために右渡航を断念するか又は右渡航を実現するために協定永住資格を失わざるを得ない状況に陥ったものということができるのであって、本件不許可処分によって上告人の受けた右の不利益は重大である。

　しかしながら、そもそも、外国人登録法が定める指紋押なつ制度は、本邦に在留する外国人の登録を実施することによって外国人の居住関係及び身分関係を明確ならしめ、もって在留外国人の公正な管理に資するという目的を達成するため、戸籍制度のない外国人の人物特定につき最も確実な制度として規定されたものであって、出入国の公正な管理を図るという出入国管理行政の目的にも資するものであるから、法務大臣が、指紋押なつの拒否が出入国管理行政にもたらす弊害にかんがみ、再入国の許可申請に対する許否の判断に当たって、右申請をした外国人が同法の規定に違反して指紋の押なつを拒否しているという事情を右申請を許可することが相当でない事由として考慮すること自体は、法務大臣の前記裁量権の合理的な行使として許容し得るものというべきである。のみならず、その後の推移はともかく、本件不許可処分がされた当時は、指紋押なつ拒否運動が全国的な広がりを見せ、指紋の押なつを留保する者が続出するという社会情勢の下にあって、出入国管理行政に少なからぬ弊害が生じていたとみられるのであり、被上告人において、指紋押なつ制度を維持して在留外国人及びその出入国の公正な管理を図るため、指紋押なつ拒否者に対しては再入国の許可を与えないという方針で臨んだこと自体は、その必要性及び合理性を肯定し得るところであり、その結果、外国人の在留資格いかんを問わずに右方針に基づいてある程度統一的な運用を行うことになったとしても、それなりにやむを得ないところがあったというべきである。他方で、前記

事実関係等によれば、上告人は、本件不許可処分の前のみならずその後も指紋押なつの拒否を繰り返しており、上告人が外国人登録制度を遵守しないことを表明し、これを実施したものと被上告人に受け止められても無理からぬ面があったといえなくもない。

　右のような本件不許可処分がされた当時の社会情勢や指紋押なつ制度の維持による在留外国人及びその出入国の公正な管理の必要性その他の諸事情に加えて、前示のとおり、再入国の許否の判断に関する法務大臣の裁量権の範囲がその性質上広範なものとされている趣旨にもかんがみると、協定永住資格を有する者についての法務大臣の右許否の判断に当たってはその者の本邦における生活の安定という観点をもしんしゃくすべきであることや、本件不許可処分が上告人に与えた不利益の大きさ、本件不許可処分以降、在留外国人の指紋押なつ義務が軽減され、協定永住資格を有する者についてはさらに指紋押なつ制度自体が廃止されるに至った経緯等を考慮してもなお、右処分に係る法務大臣の判断が社会通念上著しく妥当性を欠くことが明らかであるとはいまだ断ずることができないものというべきである。したがって、右判断は、裁量権の範囲を超え、又はその濫用があったものとして違法であるとまでいうことはできない。

　（後略）

⑥　地方公務員管理職昇任差別事件

（最大判 2005 年 1 月 26 日民集 59 巻 1 号 128 頁）（抄）

（前略）

　原審の上記判断の理由の概要は、次のとおりである。

　(1)　日本の国籍を有しない者は、憲法上、国又は地方公共団体の公務員に就任する権利を保障されているということはできない。

　(2)　地方公務員の中でも、管理職は、地方公共団体の公権力を行使し、又は公の意思の形成に参画するなど地方公共団体の行う統治作用にかかわ

る蓋然性の高い職であるから、地方公務員に採用された外国人が、日本の国籍を有する者と同様、当然に管理職に任用される権利を保障されているとすることは、国民主権の原理に照らして問題がある。しかしながら、管理職の職務は広範多岐に及び、地方公共団体の行う統治作用、特に公の意思の形成へのかかわり方、その程度は様々なものがあり得るのであり、公権力を行使することなく、また、公の意思の形成に参画する蓋然性が少なく、地方公共団体の行う統治作用にかかわる程度の弱い管理職も存在する。したがって、職務の内容、権限と統治作用とのかかわり方、その程度によって、外国人を任用することが許されない管理職とそれが許される管理職とを分別して考える必要がある。そして、後者の管理職については、我が国に在住する外国人をこれに任用することは、国民主権の原理に反するものではない。

(3) 上告人の管理職には、企画や専門分野の研究を行うなどの職務を行い、事案の決定権限を有せず、事案の決定過程にかかわる蓋然性も少ない管理職も若干存在している。このように、管理職に在る者が事案の決定過程に関与するといっても、そのかかわり方、その程度は様々であるから、上告人の管理職について一律に外国人の任用（昇任）を認めないとするのは相当でなく、その職務の内容、権限と事案の決定とのかかわり方、その程度によって、外国人を任用することが許されない管理職とそれが許される管理職とを区別して任用管理を行う必要がある。そして、後者の管理職への任用については、我が国に在住する外国人にも憲法22条1項、14条1項の各規定による保障が及ぶものというべきである。

(4) 上告人の職員が課長級の職に昇任するためには、管理職選考を受験する必要があるところ、課長級の管理職の中にも外国籍の職員に昇任を許しても差し支えのないものも存在するというべきであるから、外国籍の職員から管理職選考の受験の機会を奪うことは、外国籍の職員の課長級の管理職への昇任のみちを閉ざすものであり、憲法22条1項、14条1項に違反する違法な措置である。被上告人は、上告人の職員の違法な措置のために平成6年度及び同7年度の管理職選考を受験することができなかった。被上告人がこれにより被った精神的損害を慰謝するには各20万円が

相当である。

　4　しかしながら、前記事実関係等の下で被上告人の慰謝料請求を認容すべきものとした原審の判断は、是認することができない。その理由は、次のとおりである。

　(1)　地方公務員法は、一般職の地方公務員（以下「職員」という。）に本邦に在留する外国人（以下「在留外国人」という。）を任命することができるかどうかについて明文の規定を置いていないが（同法19条1項参照）、普通地方公共団体が、法による制限の下で、条例、人事委員会規則等の定めるところにより職員に在留外国人を任命することを禁止するものではない。普通地方公共団体は、職員に採用した在留外国人について、国籍を理由として、給与、勤務時間その他の勤務条件につき差別的取扱いをしてはならないものとされており（労働基準法3条、112条、地方公務員法58条3項）、地方公務員法24条6項に基づく給与に関する条例で定められる昇格（給料表の上位の職務の級への変更）等も上記の勤務条件に含まれるものというべきである。しかし、上記の定めは、普通地方公共団体が職員に採用した在留外国人の処遇につき合理的な理由に基づいて日本国民と異なる取扱いをすることまで許されないとするものではない。また、そのような取扱いは、合理的な理由に基づくものである限り、憲法14条1項に違反するものでもない。

　管理職への昇任は、昇格等を伴うのが通例であるから、在留外国人を職員に採用するに当たって管理職への昇任を前提としない条件の下でのみ就任を認めることとする場合には、そのように取り扱うことにつき合理的な理由が存在することが必要である。

　(2)　地方公務員のうち、住民の権利義務を直接形成し、その範囲を確定するなどの公権力の行使に当たる行為を行い、若しくは普通地方公共団体の重要な施策に関する決定を行い、又はこれらに参画することを職務とするもの（以下「公権力行使等地方公務員」という。）については、次のように解するのが相当である。すなわち、公権力行使等地方公務員の職務の遂行は、住民の権利義務や法的地位の内容を定め、あるいはこれらに事実上大きな影響を及ぼすなど、住民の生活に直接間接に重大なかかわりを

有するものである。それゆえ、国民主権の原理に基づき、国及び普通地方公共団体による統治の在り方については日本国の統治者としての国民が最終的な責任を負うべきものであること（憲法１条、15条１項参照）に照らし、原則として日本の国籍を有する者が公権力行使等地方公務員に就任することが想定されているとみるべきであり、我が国以外の国家に帰属し、その国家との間でその国民としての権利義務を有する外国人が公権力行使等地方公務員に就任することは、本来我が国の法体系の想定するところではないものというべきである。

　そして、普通地方公共団体が、公務員制度を構築するに当たって、公権力行使等地方公務員の職とこれに昇任するのに必要な職務経験を積むために経るべき職とを包含する一体的な管理職の任用制度を構築して人事の適正な運用を図ることも、その判断により行うことができるものというべきである。そうすると、普通地方公共団体が上記のような管理職の任用制度を構築した上で、日本国民である職員に限って管理職に昇任することができることとする措置を執ることは、合理的な理由に基づいて日本国民である職員と在留外国人である職員とを区別するものであり、上記の措置は、労働基準法３条にも、憲法14条１項にも違反するものではないと解するのが相当である。そして、この理は、前記の特別永住者についても異なるものではない。

　(3)　これを本件についてみると、前記事実関係等によれば、昭和63年４月に上告人に保健婦として採用された被上告人は、東京都人事委員会の実施する平成６年度及び同７年度の管理職選考（選考種別Ａの技術系の選考区分医化学）を受験しようとしたが、東京都人事委員会が上記各年度の管理職選考において日本の国籍を有しない者には受験資格を認めていなかったため、いずれも受験することができなかったというのである。そして、当時、上告人においては、管理職に昇任した職員に終始特定の職種の職務内容だけを担当させるという任用管理を行っておらず、管理職に昇任すれば、いずれは公権力行使等地方公務員に就任することのあることが当然の前提とされていたということができるから、上告人は、公権力行使等地方公務員の職に当たる管理職のほか、これに関連する職を包含する一体

的な管理職の任用制度を設けているということができる。

　そうすると、上告人において、上記の管理職の任用制度を適正に運営するために必要があると判断して、職員が管理職に昇任するための資格要件として当該職員が日本の国籍を有する職員であることを定めたとしても、合理的な理由に基づいて日本の国籍を有する職員と在留外国人である職員とを区別するものであり、上記の措置は、労働基準法3条にも、憲法14条1項にも違反するものではない。

　（後略）

　裁判官泉徳治の反対意見は、次のとおりである。

　……特別永住者の法的地位、職業選択の自由の人格権的側面、特別永住者の住民としての権利等を考慮すれば、自治事務を適正に処理・執行するという目的のために、特別永住者が自己統治の過程に密接に関係する職員以外の職員となることを制限する場合には、その制限に厳格な合理性が要求されるというべきである。

　……課長級の職には、自己統治の過程に密接に関係する職員以外の職員が相当数含まれていることがうかがわれるのである。

　そうすると、自己統治の原理に従い自治事務を処理・執行するという目的を達成する手段として、特別永住者に対し「課長級の職」への第一次選考である本件管理職選考の受験を拒否するということは、上記目的達成のための必要かつ合理的範囲を超えるもので、過度に広範な制限といわざるを得ず、その合理性を否定せざるを得ない。

　……特別永住者である被上告人に対する本件管理職選考の受験拒否は、憲法が規定する法の下の平等及び職業選択の自由の原則に違反するものであることを考えると、国家賠償法1条1項の過失の存在も、これを肯定することができるものというべきである。

⑦　国籍法違憲判決

（最大判 2008 年 6 月 4 日民集 62 巻 6 号 1367 頁）（抄）

（前略）

　憲法 10 条は、「日本国民たる要件は、法律でこれを定める。」と規定し、これを受けて、国籍法は、日本国籍の得喪に関する要件を規定している。憲法 10 条の規定は、国籍は国家の構成員としての資格であり、国籍の得喪に関する要件を定めるに当たってはそれぞれの国の歴史的事情、伝統、政治的、社会的及び経済的環境等、種々の要因を考慮する必要があることから、これをどのように定めるかについて、立法府の裁量判断にゆだねる趣旨のものであると解される。しかしながら、このようにして定められた日本国籍の取得に関する法律の要件によって生じた区別が、合理的理由のない差別的取扱いとなるときは、憲法 14 条 1 項違反の問題を生ずることはいうまでもない。すなわち、立法府に与えられた上記のような裁量権を考慮しても、なおそのような区別をすることの立法目的に合理的な根拠が認められない場合、又はその具体的な区別と上記の立法目的との間に合理的関連性が認められない場合には、当該区別は、合理的な理由のない差別として、同項に違反するものと解されることになる。

　日本国籍は、我が国の構成員としての資格であるとともに、我が国において基本的人権の保障、公的資格の付与、公的給付等を受ける上で意味を持つ重要な法的地位でもある。一方、父母の婚姻により嫡出子たる身分を取得するか否かということは、子にとっては自らの意思や努力によっては変えることのできない父母の身分行為に係る事柄である。したがって、このような事柄をもって日本国籍取得の要件に関して区別を生じさせることに合理的な理由があるか否かについては、慎重に検討することが必要である。

　ア　国籍法 3 条の規定する届出による国籍取得の制度は、法律上の婚姻関係にない日本国民である父と日本国民でない母との間に出生した子について、父母の婚姻及びその認知により嫡出子たる身分を取得すること

（以下「準正」という。）のほか同条1項の定める一定の要件を満たした場合に限り、法務大臣への届出によって日本国籍の取得を認めるものであり、日本国民である父と日本国民でない母との間に出生した嫡出子が生来的に日本国籍を取得することとの均衡を図ることによって、同法の基本的な原則である血統主義を補完するものとして、昭和59年法律第45号による国籍法の改正において新たに設けられたものである。

　そして、国籍法3条1項は、日本国民である父が日本国民でない母との間の子を出生後に認知しただけでは日本国籍の取得を認めず、準正のあった場合に限り日本国籍を取得させることとしており、これによって本件区別が生じている。このような規定が設けられた主な理由は、日本国民である父が出生後に認知した子については、父母の婚姻により嫡出子たる身分を取得することによって、日本国民である父との生活の一体化が生じ、家族生活を通じた我が国社会との密接な結び付きが生ずることから、日本国籍の取得を認めることが相当であるという点にあるものと解される。また、上記国籍法改正の当時には、父母両系血統主義を採用する国には、自国民である父の子について認知だけでなく準正のあった場合に限り自国籍の取得を認める国が多かったことも、本件区別が合理的なものとして設けられた理由であると解される。

　イ　日本国民を血統上の親として出生した子であっても、日本国籍を生来的に取得しなかった場合には、その後の生活を通じて国籍国である外国との密接な結び付きを生じさせている可能性があるから、国籍法3条1項は、同法の基本的な原則である血統主義を基調としつつ、日本国民との法律上の親子関係の存在に加え我が国との密接な結び付きの指標となる一定の要件を設けて、これらを満たす場合に限り出生後における日本国籍の取得を認めることとしたものと解される。このような目的を達成するため準正その他の要件が設けられ、これにより本件区別が生じたのであるが、本件区別を生じさせた上記の立法目的自体には、合理的な根拠があるというべきである。

　また、国籍法3条1項の規定が設けられた当時の社会通念や社会的状況の下においては、日本国民である父と日本国民でない母との間の子につ

いて、父母が法律上の婚姻をしたことをもって日本国民である父との家族生活を通じた我が国との密接な結び付きの存在を示すものとみることには相応の理由があったものとみられ、当時の諸外国における前記のような国籍法制の傾向にかんがみても、同項の規定が認知に加えて準正を日本国籍取得の要件としたことには、上記の立法目的との間に一定の合理的関連性があったものということができる。

　ウ　しかしながら、その後、我が国における社会的、経済的環境等の変化に伴って、夫婦共同生活の在り方を含む家族生活や親子関係に関する意識も一様ではなくなってきており、今日では、出生数に占める非嫡出子の割合が増加するなど、家族生活や親子関係の実態も変化し多様化してきている。このような社会通念及び社会的状況の変化に加えて、近年、我が国の国際化の進展に伴い国際的交流が増大することにより、日本国民である父と日本国民でない母との間に出生する子が増加しているところ、両親の一方のみが日本国民である場合には、同居の有無など家族生活の実態においても、法律上の婚姻やそれを背景とした親子関係の在り方についての認識においても、両親が日本国民である場合と比べてより複雑多様な面があり、その子と我が国との結び付きの強弱を両親が法律上の婚姻をしているか否かをもって直ちに測ることはできない。これらのことを考慮すれば、日本国民である父が日本国民でない母と法律上の婚姻をしたことをもって、初めて子に日本国籍を与えるに足りるだけの我が国との密接な結び付きが認められるものとすることは、今日では必ずしも家族生活等の実態に適合するものということはできない。

　また、諸外国においては、非嫡出子に対する法的な差別的取扱いを解消する方向にあることがうかがわれ、我が国が批准した市民的及び政治的権利に関する国際規約及び児童の権利に関する条約にも、児童が出生によっていかなる差別も受けないとする趣旨の規定が存する。さらに、国籍法3条1項の規定が設けられた後、自国民である父の非嫡出子について準正を国籍取得の要件としていた多くの国において、今日までに、認知等により自国民との父子関係の成立が認められた場合にはそれだけで自国籍の取得を認める旨の法改正が行われている。

　以上のような我が国を取り巻く国内的、国際的な社会的環境等の変化に照らしてみると、準正を出生後における届出による日本国籍取得の要件としておくことについて、前記の立法目的との間に合理的関連性を見いだすことがもはや難しくなっているというべきである。

　エ　一方、国籍法は、前記のとおり、父母両系血統主義を採用し、日本国民である父又は母との法律上の親子関係があることをもって我が国との密接な結び付きがあるものとして日本国籍を付与するという立場に立って、出生の時に父又は母のいずれかが日本国民であるときには子が日本国籍を取得するものとしている（2条1号）。その結果、日本国民である父又は母の嫡出子として出生した子はもとより、日本国民である父から胎児認知された非嫡出子及び日本国民である母の非嫡出子も、生来的に日本国籍を取得することとなるところ、同じく日本国民を血統上の親として出生し、法律上の親子関係を生じた子であるにもかかわらず、日本国民である父から出生後に認知された子のうち準正により嫡出子たる身分を取得しないものに限っては、生来的に日本国籍を取得しないのみならず、同法3条1項所定の届出により日本国籍を取得することもできないことになる。このような区別の結果、日本国民である父から出生後に認知されたにとどまる非嫡出子のみが、日本国籍の取得について著しい差別的取扱いを受けているものといわざるを得ない。

　日本国籍の取得が、前記のとおり、我が国において基本的人権の保障等を受ける上で重大な意味を持つものであることにかんがみれば、以上のような差別的取扱いによって子の被る不利益は看過し難いものというべきであり、このような差別的取扱いについては、前記の立法目的との間に合理的関連性を見いだし難いといわざるを得ない。とりわけ、日本国民である父から胎児認知された子と出生後に認知された子との間においては、日本国民である父との家族生活を通じた我が国社会との結び付きの程度に一般的な差異が存するとは考え難く、日本国籍の取得に関して上記の区別を設けることの合理性を我が国社会との結び付きの程度という観点から説明することは困難である。また、父母両系血統主義を採用する国籍法の下で、日本国民である母の非嫡出子が出生により日本国籍を取得するにもかかわ

らず、日本国民である父から出生後に認知されたにとどまる非嫡出子が届出による日本国籍の取得すら認められないことには、両性の平等という観点からみてその基本的立場に沿わないところがあるというべきである。

　オ　上記ウ、エで説示した事情を併せ考慮するならば、国籍法が、同じく日本国民との間に法律上の親子関係を生じた子であるにもかかわらず、上記のような非嫡出子についてのみ、父母の婚姻という、子にはどうすることもできない父母の身分行為が行われない限り、生来的にも届出によっても日本国籍の取得を認めないとしている点は、今日においては、立法府に与えられた裁量権を考慮しても、我が国との密接な結び付きを有する者に限り日本国籍を付与するという立法目的との合理的関連性の認められる範囲を著しく超える手段を採用しているものというほかなく、その結果、不合理な差別を生じさせているものといわざるを得ない。

　……本件区別については、これを生じさせた立法目的自体に合理的な根拠は認められるものの、立法目的との間における合理的関連性は、我が国の内外における社会的環境の変化等によって失われており、今日において、国籍法3条1項の規定は、日本国籍の取得につき合理性を欠いた過剰な要件を課するものとなっているというべきである。しかも、本件区別については、前記(2)エで説示した他の区別も存在しており、日本国民である父から出生後に認知されたにとどまる非嫡出子に対して、日本国籍の取得において著しく不利益な差別的取扱いを生じさせているといわざるを得ず、国籍取得の要件を定めるに当たって立法府に与えられた裁量権を考慮しても、この結果について、上記の立法目的との間において合理的関連性があるものということはもはやできない。

　そうすると、本件区別は、遅くとも上告人が法務大臣あてに国籍取得届を提出した当時には、立法府に与えられた裁量権を考慮してもなおその立法目的との間において合理的関連性を欠くものとなっていたと解される。

　したがって、上記時点において、本件区別は合理的な理由のない差別となっていたといわざるを得ず、国籍法3条1項の規定が本件区別を生じさせていることは、憲法14条1項に違反するものであったというべきである。……

　裁判官泉徳治の補足意見は、次のとおりである。

　国籍法3条1項は、日本国民の子のうち同法2条の適用対象とならないものに対する日本国籍の付与について、「父母の婚姻」を要件とすることにより、父に生後認知され「父母の婚姻」がない非嫡出子を付与の対象から排除している。これは、日本国籍の付与に関し、非嫡出子であるという社会的身分と、日本国民である親が父であるという親の性別により、父に生後認知された非嫡出子を差別するものである。

　この差別は、差別の対象となる権益が日本国籍という基本的な法的地位であり、差別の理由が憲法14条1項に差別禁止事由として掲げられている社会的身分及び性別であるから、それが同項に違反しないというためには、強度の正当化事由が必要であって、国籍法3条1項の立法目的が国にとり重要なものであり、この立法目的と、「父母の婚姻」により嫡出子たる身分を取得することを要求するという手段との間に、事実上の実質的関連性が存することが必要である。

　……日本国民である父に生後認知された非嫡出子は、「父母の婚姻」により嫡出子たる身分を取得していなくても、父との間で法律上の親子関係を有し、互いに扶養の義務を負う関係にあって、日本社会との結合関係を現に有するものである。……家族関係が多様化しつつある現在の日本において、上記非嫡出子の日本社会との結合関係が、「父母の婚姻」がない限り希薄であるとするのは、型にはまった画一的な見方といわざるを得ない。

　したがって、前記の立法目的と、日本国民である父に生後認知された子のうち「父母の婚姻」により嫡出子たる身分を取得したものに限って日本国籍を付与することとした手段との間には、事実上の実質的関連性があるとはいい難い。

　結局、国籍法3条1項が日本国籍の付与につき非嫡出子という社会的身分及び親の性別により設けた差別は、強度の正当化事由を有するものということはできず、憲法14条1項の規定に違反するといわざるを得ない。

　そして、上告人らに対しては、国籍法3条1項から「父母の婚姻」の部分を除いたその余の規定の適用により、日本国籍が付与されるべきであ

ると考える。……上記のような国籍法 3 条 1 項の適用は、「すべての児童
は、国籍を取得する権利を有する」ことを規定した市民的及び政治的権利
に関する国際規約 24 条 3 項や児童の権利に関する条約 7 条 1 項の趣旨に
も適合するものである。

　（後略）。

⑧　永住者生活保護事件

（最判 2014 年 7 月 18 日 LEX/DB25504546）（抄）

　（前略）

　難民条約等への加入及びこれに伴う国会審議を契機として、国が外国
人に対する生活保護について一定の範囲で法的義務を負い、一定の範囲の
外国人に対し日本国民に準じた生活保護法上の待遇を与えることを立法府
と行政府が是認したものということができ、一定の範囲の外国人において
上記待遇を受ける地位が法的に保護されることになったものである。また、
生活保護の対象となる外国人の範囲を永住的外国人に限定したことは、こ
れが生活保護法の制度趣旨を理由としていることからすれば、外国人に対
する同法の準用を前提としたものとみるのが相当である。よって、一定の
範囲の外国人も生活保護法の準用による法的保護の対象になるものと解す
るのが相当であり、永住的外国人である被上告人はその対象となるものと
いうべきである。

　しかしながら、原審の上記判断は是認することができない。その理由は、
次のとおりである。

　⑴　……旧生活保護法は、その適用の対象につき「国民」であるか否
かを区別していなかったのに対し、現行の生活保護法は、1 条及び 2 条に
おいて、その適用の対象につき「国民」と定めたものであり、このように
同法の適用の対象につき定めた上記各条にいう「国民」とは日本国民を意
味するものであって、外国人はこれに含まれないものと解される。

　そして、現行の生活保護法が制定された後、現在に至るまでの間、同法の適用を受ける者の範囲を一定の範囲の外国人に拡大するような法改正は行われておらず、同法上の保護に関する規定を一定の範囲の外国人に準用する旨の法令も存在しない。

　したがって、生活保護法を始めとする現行法令上、生活保護法が一定の範囲の外国人に適用され又は準用されると解すべき根拠は見当たらない。

　(2)　また、本件通知は行政庁の通達であり、それに基づく行政措置として一定範囲の外国人に対して生活保護が事実上実施されてきたとしても、そのことによって、生活保護法1条及び2条の規定の改正等の立法措置を経ることなく、生活保護法が一定の範囲の外国人に適用され又は準用されるものとなると解する余地はなく、……我が国が難民条約等に加入した際の経緯を勘案しても、本件通知を根拠として外国人が同法に基づく保護の対象となり得るものとは解されない。なお、本件通知は、その文言上も、生活に困窮する外国人に対し、生活保護法が適用されずその法律上の保護の対象とならないことを前提に、それとは別に事実上の保護を行う行政措置として、当分の間、日本国民に対する同法に基づく保護の決定実施と同様の手続により必要と認める保護を行うことを定めたものであることは明らかである。

　(3)　以上によれば、外国人は、行政庁の通達等に基づく行政措置により事実上の保護の対象となり得るにとどまり、生活保護法に基づく保護の対象となるものではなく、同法に基づく受給権を有しないものというべきである。

　（後略）

（大阪高判 2014 年 7 月 8 日判時 2232 号 34 頁）（抄）

（前略）

　人種差別撤廃条約は、国法の一形式として国内法的効力を有するとしても、その規定内容に照らしてみれば、国家の国際責任を規定するとともに、憲法 13 条、14 条 1 項と同様、公権力と個人との関係を規律するものである。すなわち、本件における被控訴人と控訴人らとの間のような私人相互の関係を直接規律するものではなく、私人相互の関係に適用又は類推適用されるものでもないから、その趣旨は、民法 709 条等の個別の規定の解釈適用を通じて、他の憲法原理や私的自治の原則との調和を図りながら実現されるべきものであると解される。

　したがって、一般に私人の表現行為は憲法 21 条 1 項の表現の自由として保障されるものであるが、私人間において一定の集団に属する者の全体に対する人種差別的な発言が行われた場合には、上記発言が、憲法 13 条、14 条 1 項や人種差別撤廃条約の趣旨に照らし、合理的理由を欠き、社会的に許容し得る範囲を超えて、他人の法的利益を侵害すると認められるときは、民法 709 条にいう「他人の権利又は法律上保護される利益を侵害した」との要件を満たすと解すべきであり、これによって生じた損害を加害者に賠償させることを通じて、人種差別を撤廃すべきものとする人種差別撤廃条約の趣旨を私人間においても実現すべきものである。

　……人種差別を撤廃すべきものとする人種差別撤廃条約の趣旨は、当該行為の悪質性を基礎付けることになり、理不尽、不条理な不法行為による被害感情、精神的苦痛などの無形損害の大きさという観点から当然に考慮されるべきである。

　……本件示威活動における発言は、その内容に照らして、専ら在日朝鮮人を我が国から排除し、日本人や他の外国人と平等の立場で人権及び基本的自由を享有することを妨害しようとするものであって、日本国籍の有無による区別ではなく、民族的出身に基づく区別又は排除であり、人種差

別撤廃条約1条1項にいう「人種差別」に該当するといわなければならない。

　……本件活動は、本件学校が無許可で本件公園を使用していたことが契機となったとはいえ、本件発言の内容は、本件公園の不法占拠を糾弾するだけでなく、在日朝鮮人を劣悪な存在であるとして嫌悪・蔑視し、日本社会で在日朝鮮人が日本人その他の外国人と共存することを否定するものであって、本件発言の主眼は、本件公園の不法占拠を糾弾することではなく、在日朝鮮人を嫌悪・蔑視してその人格を否定し、在日朝鮮人に対する差別意識を世間に訴え、我が国の社会から在日朝鮮人を排斥すべきであるとの見解を声高に主張することにあったというべきであり、主として公益を図る目的であったということはできない。……またそれらの行為が表現の自由によって保護されるべき範囲を超えていることも明らかである。

　……被控訴人は、本件活動により、学校法人としての存在意義、適格性等の人格的利益について社会から受ける客観的評価を低下させられたこと、本件学校の教職員等の関係者が受けた心労や負担も大きかったこと、本件活動により、本件学校における教育業務を妨害され、本件学校の教育環境が損なわれただけでなく、我が国で在日朝鮮人の民族教育を行う社会環境も損なわれたことなどを指摘することができる。……これらは在日朝鮮人を嫌悪・蔑視するものであって、その内容は下品かつ低俗というほかはない。しかも、その態様は、多人数で、多数の児童らが在校する日中に、いきなり押しかけて拡声器を用いて怒号して威嚇し（示威活動〔1〕）、街宣車と拡声器を使用して声高に叫んで気勢を挙げ、広範囲の場所にいる不特定多数の者らに聴取させた（示威活動〔2〕、〔3〕）というものである。これによれば、控訴人らが、在日朝鮮人及び被控訴人の人格を否定し、在日朝鮮人に対する差別の正当性を世に訴え、我が国の社会から在日朝鮮人を排斥すべきであるとの見解を公開の場所で主張したことが明らかである。しかも、合計3度にわたる執拗な行動である上に、示威活動〔3〕は、本件仮処分決定を無視して実行されたという点においても強い違法性が認められる。さらには、本件示威活動の様子を撮影した映像を、控訴人在特会及び主権会の立場からタイトル等を付した上で、インターネット上の動画

サイトに投稿して公開し（本件映像公開）、不特定多数の者による閲覧可能な状態に置いたことは、その映像を広く拡散させて被害を増大させたというだけでなく、映像の流布先で保存されることによって今後も被害が再生産されることを可能としている。以上の事情を総合するならば、本件活動は、その全体を通じ、在日朝鮮人及びその子弟を教育対象とする被控訴人に対する社会的な偏見や差別意識を助長し増幅させる悪質な行為であることは明らかである。

　被控訴人は、控訴人らの上記行為によって民族教育事業の運営に重大な支障を来しただけでなく、被控訴人は理不尽な憎悪表現にさらされたもので、その結果、業務が妨害され、社会的評価が低下させられ、人格的利益に多大の打撃を受けており、今後もその被害が拡散、再生産される可能性があるというべきである。また、事件当時、本件学校には134名の児童・園児が在籍していたが、各児童・園児には当然のことながら何らの落ち度がないにもかかわらず、その民族的出自の故だけで、控訴人らの侮蔑的、卑俗的な攻撃にさらされたものであって（児童らが不在であった場合であっても、事件の状況を認識し、又は認識するであろうことは容易に推認できる。）、人種差別という不条理な行為によって被った精神的被害の程度は多大であったと認められ、被控訴人は、それら在校生たちの苦痛の緩和のために多くの努力を払わなければならない。……

　被控訴人は、その人格的利益の内容として、学校法人としての存在意義、適格性等の人格的価値について社会から受ける客観的評価である名誉を保持し、本件学校における教育業務として在日朝鮮人の民族教育を行う利益を有するものということができる。一方、本件活動は、被控訴人の本件学校における教育業務を妨害し、被控訴人の学校法人としての名誉を著しく損なうものであって、憲法13条にいう「公共の福祉」に反しており、表現の自由の濫用であって、法的保護に値しないといわざるを得ない。

　……本件発言は、本件公園の不法占拠を口実として、在日朝鮮人を嫌悪・蔑視してその人格を否定し、在日朝鮮人に対する差別意識を世間に訴え、我が国の社会から在日朝鮮人を排斥すべきであると主張することに主眼があったというべきである。……これらの事情を総合するならば、本件

活動後、本件学校が他の学校に統合され、本件公園から離れた新校舎に移転したとしても、新校舎の周辺で本件活動と同様な不法行為が行われるおそれがないとはいえない。

　以上の次第で、被控訴人の請求は原審が認容した限度で理由があるから認容し、その余は理由がないから棄却すべきであり、これと同旨の原判決は相当である。

⑩　難民申請者チャーター便送還事件

（名古屋高判 2021 年 1 月 13 日裁判所ウェブページ）（抄）

（前略）

　当裁判所は、入管職員の本件送還に至る一連の行為につき、本件不認定処分に対する取消訴訟等の意向を示していた控訴人の司法審査を受ける機会を実質的に奪ったものとして、国賠法 1 条 1 項の適用上違法があり、控訴人の請求について、44 万円及びこれに対する平成 26 年 12 月 18 日（本件送還がされた日）から支払済みまで年 5 分の割合による遅延損害金の支払を求める限度で理由があるものと判断する。その理由は、次のとおりである。

　……入管法等は、……難民不認定処分に対する不服申立てについて、異議申立て、取消訴訟等又はその両方の手段を採り得るいわゆる自由選択主義を採用し、同処分を受けた者に異議申立てによる行政不服審査によるか取消訴訟等による司法審査によるかの選択を委ねており、もって同処分に対する是正の機会を保障する仕組みを採用している。そして、行政事件訴訟法 46 条 1 項は、行政庁の教示義務を定めて処分の相手方に対し権利利益の救済の観点から司法審査を受ける機会を保障しようとしているところ、これは難民不認定処分に対する異議申立棄却決定においても等しく妥当するものであり、現に本件不認定処分及び本件異議棄却決定の各通知に当たっても取消訴訟の出訴期間の教示が行われている（本件異議棄却決定

の通知の際に交付された教示書2は直接には本件異議棄却決定に対する取消訴訟の出訴期間を教示するものであるが、これに先立つ本件不認定処分の通知の際に交付された教示書1で本件不認定処分に対する取消訴訟の出訴期間が教示されており、その出訴期間は同一である。）。また、同法14条3項は、行政不服審査請求をした場合にはこれに対する裁決が出るまで取消訴訟の出訴期間が開始しないとする旨を定めており、難民不認定処分に対する異議申立棄却決定後において取消訴訟を提起することを可能なものとしている。

　このような入管法等による難民不認定処分に対する不服申立ての仕組み（自由選択主義）や実効的な権利救済の観点から司法審査を受ける機会を実質的に保障しようとする行政事件訴訟法の上記規定からすれば、難民不認定処分に対する異議申立棄却決定後においても、同処分に対する取消訴訟等の提起を可能とし、もって司法審査を受ける機会を保障しようとしているものと解される（もとより、異議申立てによる行政不服審査は処分行政庁である法務大臣による簡易かつ迅速な違法不当な処分に対する是正の機会を保障するのに対し、司法審査は処分行政庁から独立した裁判所による違法な処分に対する是正の機会を保障するものであり、行政不服審査を司法審査と同一視することはできない。）。そして、上記の規定等からすれば、難民不認定処分に対する異議申立棄却決定後に送還を停止すべき旨を定めた規定が存在しないことや、難民認定申請者が被退去強制者に該当する場合に被退去強制者について速やかに国外に送還すべき旨を定めた入管法52条3項が存在することをもって、その者の難民該当性に関する司法審査の機会が実質的に奪われることを正当化することは困難である。

　さらに、入管当局は、……難民不認定処分に対する訴訟が提起されている場合には、これを提起した者の裁判を受ける権利に配慮し、当該訴訟が終結するまでの間、その送還を見合わせる運用を行っており、国際連合の条約審査（自由権規約、拷問等禁止条約）においても、行政事件訴訟法の定める教示義務等を踏まえ、難民認定申請者の司法審査の機会を確保すべく措置していることや、被退去強制者が難民不認定処分に対する訴訟を行う意思を有しているか否かを確認するなど裁判を受ける権利に配慮し、

相当の期間その手続の経過を踏まえた上で送還の実施を判断していること等を表明している（甲13、14）。そうすると、難民不認定処分に対する取消訴訟等が提起されている場合における上記の運用が、入管当局に対し法的義務を課すものでないとしてもその自由裁量に属する事実上の取扱いにすぎないものと位置付けるのは相当ではなく、上記の運用との権衡に照らせば、難民不認定処分に対する異議申立てをした被退去強制者が、異議申立棄却決定後に取消訴訟等を提起する意向を示していたにもかかわらず、集団送還の対象とされたことをもって、異議申立棄却決定について適切な時期に告知を受けられず、難民該当性に関する司法審査の機会を実質的に奪われるものとすることは許容し難く、上記の対外的な表明とも整合しない。

　以上からすれば、難民不認定処分に対する異議申立てをした被退去強制者は、異議申立てを濫用的に行っている場合は格別、異議申立棄却決定後に取消訴訟等を提起することにより、難民該当性に関する司法審査の機会を実質的に奪われないことについて法律上保護された利益を有すると解するのが相当であり、このように解することが、憲法の定める裁判を受ける権利及び適正手続の保障や各種人権条約の規定（自由権規約2条3項、14条1項、難民条約16条）に適合するものというべきである。実質的にも、このように解さなければ、集団送還の対象者を選定するのは入管当局であるところ、被退去強制者が別途難民不認定処分に対する取消訴訟等を提起するなどしていない限り、入管当局の判断によって異議申立棄却決定後に取消訴訟等の意向を有する被退去強制者の難民該当性に関する司法審査の機会の有無が決定されることとなるが、このような扱いは、入管法等が難民不認定処分に対する不服申立てについて自由選択主義を採用していることや、全ての者につき民事上の権利義務に関する争いについて独立した公平な裁判所による公開審理を受ける権利を保障した自由権規約14条1項、行政処分に対し司法審査を受ける機会を保障しようとしている行政事件訴訟法の上記規定とも整合しない。

　（イ）以上によれば、入管職員が、難民不認定処分に対する異議申立棄却決定後に取消訴訟等を提起する意思を示していた被退去強制者につい

て、集団送還の対象として異議申立棄却決定の告知を送還の直前まで遅らせ、同告知後は第三者と連絡を取ることを認めずに本国に強制送還した場合、これらの一連の公権力の行使に係る行為は、異議申立てが濫用的に行われたといえる特段の事情のない限り、上記の被退去強制者の難民該当性に関する司法審査の機会を実質的に奪ったものとして、国賠法1条1項の適用上違法となるというべきである。

　（後略）

索　引

【著者紹介】

近藤　敦（こんどう・あつし）

名城大学法学部教授。博士（法学、九州大学）。ストックホルム大学・オックスフォード大学・ハーバード大学客員研究員。名古屋多文化共生研究会会長。移民政策学会元会長。総務省・愛知県・名古屋市・可児市・安城市・春日井市・田原市・小牧市・西尾市・各務原市の「多文化共生推進プラン」づくり、法務省の「在留外国人に対する基礎調査」に参加。著書に『「外国人」の参政権 ── デニズンシップの比較研究』（明石書店、1996 年）、『政権交代と議院内閣制 ── 比較憲法政策論』（法律文化社、1997 年）、『外国人の人権と市民権』（明石書店、2001 年）、『新版 外国人参政権と国籍』（明石書店、2001 年）、『多文化共生と人権 ── 諸外国の「移民」と日本の「外国人」』（明石書店、2019 年）、『人権法〔第 2 版〕』（日本評論社、2020 年）、編著に *Citizenship in a Global World: Comparing Citizenship Rights for Aliens*（Palgrave Macmillan, 2001）、*Migration and Glabalization: Comparing Immigration Policy in Developed Countries*（明石書店、2008 年）、『外国人の法的地位と人権擁護』（明石書店、2002 年）、『多文化共生政策へのアプローチ』（明石書店、2011 年）、『外国人の人権へのアプローチ』（明石書店、2015 年）などがある。

移民の人権
——外国人から市民へ

2021 年 9 月 20 日　初版第 1 刷発行

著　者　　　　　近 藤　敦

発行者　　　　　大 江 道 雅

発行所　　株式会社　明石書店

〒 101–0021 東京都千代田区外神田 6-9-5
電話 03（5818）1171
FAX 03（5818）1174
振替　00100-7-24505
https://www.akashi.co.jp/

装丁　　　　明石書店デザイン室
印刷／製本　　日経印刷株式会社

━●内容構成●━

多文化共生と人権
諸外国の「移民」と日本の「外国人」

近藤敦 著

◆A5判／並製／336頁 ◎2500円

EU各国や北米、豪州、韓国における移民統合政策との国際比較を行い、日本の法制度と人権条約等の国際的な人権規範との整合性を検討することで、日本の実態と課題を多角的な視点から整理。求められる「多文化共生法学」の地平を切り開き、多文化共生政策の実態と課題、展望を考察する。

第1章 人権法における多文化共生
第2章 多文化共生社会とは何か
第3章 外国にルーツを持つ人に関する法制度
第4章 移民統合政策指数等における日本の課題
第5章 ヘイトスピーチ規制と差別禁止
第6章 社会保障の権利
第7章 労働参加——民間雇用と公務就任
第8章 保健医療の権利
第9章 多文化家族と家族呼び寄せ
第10章 教育の権利と義務
第11章 政治参加——参政権と住民投票
第12章 複数国籍
第13章 難民の権利——とりわけ難民申請者の裁判を受ける権利
第14章 無国籍者に対する収容・退去強制・仮放免の恣意性
第15章 多文化共生法学の課題と展望——言語政策とその先

【増補】新 移民時代
外国人労働者と共に生きる社会へ
西日本新聞社編
◎1600円

芝園団地に住んでいます
住民の半分が外国人になったとき何が起きるか
大島隆著
◎1600円

にほんでいきる 外国からきた子どもたち
毎日新聞取材班編
◎1600円

まんが クラスメイトは外国人 課題編
私たちが向き合う多文化共生の現実
「外国につながる子どもたちの物語」編集委員会編
みなみななみ まんが
◎1300円

多文化共生社会に生きる
グローバル時代の多様性・人権・教育
鷲山恭彦監修
李修京編著
◎2500円

医療現場で役立つ知識！
8ヶ国語対応
医療通訳学習ハンドブック
権利・貧困・教育・文化・国籍と共生の視点から
権五定、G・アデイ・ニコラス・フリュー、一枝あゆみ、岩本弥生、西村明夫、三木紅虹著
◎3600円

外国人の子ども白書
荒牧重人、榎井縁、江原裕美、小島祥美、志水宏吉、南野奈津子、宮島喬、山野良一編
◎2500円

家族と国籍
国際化の安定のなかで
奥田安弘著
◎2500円

〈価格は本体価格です〉

Q&Aでわかる 外国につながる子どもの就学支援

「できること」から始める 実践ガイド

小島祥美 編著

■A5判・並製／280頁 ◎2200円

国の調査で、日本に住む外国人の子どもの約6人に1人が不就学であると明らかになった。「不就学ゼロ」のために学校や地域で私たちにできることとは何か。本書は、現場で使える支援のポイントをまとめた初のバイブルである。基礎自治体の職員、教育関係者必携。

日本社会の移民第二世代

世界人権問題叢書⑩

清水睦美・児島明・角替弘規・額賀美紗子・三浦綾希子・坪田光平著

エスニシティ間比較でとらえる「ニューカマー」の子どもたちの今

◎5900円

移民が導く日本の未来

毛受敏浩著

ポストコロナと人口激減時代の処方箋

◎2000円

変容する移民コミュニティ

移民・ディアスポラ研究9
駒井洋監修
小林真生編著

時間・空間・階層

◎2800円

人口問題と移民

移民・ディアスポラ研究8
駒井洋監修
是川夕編著

日本の人口・階層構造はどう変わるのか

◎2800円

産業構造の変化と移民

移民・ディアスポラ研究7
駒井洋監修
津崎克彦編著

労働現場の実態と歴史的視点

◎2800円

難民問題と人権理念の危機

移民・ディアスポラ研究6
駒井洋監修
人見泰弘編著

国民国家体制の矛盾

◎2800円

マルチ・エスニック・ジャパニーズ

移民・ディアスポラ研究5
駒井洋監修
佐々木てる編著

○○系日本人の変革力

◎2800円

難民を知るための基礎知識

滝澤三郎・山田満編著

政治と人権の葛藤を越えて

◎2500円

〈価格は本体価格です〉

〈価格は本体価格です〉